SHODENSHA
SHINSHO

妬《ねた》まずに生きる

岸見一郎

祥伝社新書

はじめに

嫉妬《しっと》、あるいは妬《ねた》みと聞いても、それがどんなものであるかまったく想像もできないという人は少ないのではないかと思います。

哲学者の三木清《みききよし》は、嫉妬を「悪魔的な情念」として強い口調で非難しています。

「もし私に人間の性の善であることを疑わせるものがあるとしたら、それは人間の心における嫉妬の存在である。嫉妬こそベーコンがいったように悪魔に最もふさわしい属性である。なぜなら嫉妬は狡猾《こうかつ》に、闇の中で、善《よ》いものを害することに向って働くのが一般であるから」(『人生論ノート』)

ここで三木が言及しているイギリスの政治学者、哲学者であるフランシス・ベーコンは、嫉妬について次のようにいっています。

「それはまたもっとも下劣な感情であり、もっとも邪悪である。そのため、それは悪魔の固有の属性である。悪魔は『夜、小麦の間に毒麦《どくむぎ》を蒔《ま》く嫉妬深い者』といわれているのである。きまってそういうことになるのだが、嫉妬は微妙に働く、しかも暗闇の中で。そして、小麦のようなよきものに害を与える」(『随筆集』)

三木は『人生論ノート』では、多くの情念について考察していますが、嫉妬についてはー切擁護《ようご》していません。

「どのような情念でも、天真爛漫《てんしんらんまん》に現われる場合、つねに或《あ》る美しさをもっている。しかるに嫉妬には天真爛漫ということがない。愛と嫉妬とは、種々の点で似たところがあるが、先《ま》ずこの一点で全《まった》く違っている。即《すなわ》ち愛は純粋であり得るに反して、嫉妬はつねに陰険《いんけん》である。それは子供の嫉妬においてすらそうである」（前掲書）

三木は「愛は純粋であり得る」といい、愛がいつも純粋であるとはいっていないのですが、嫉妬は「つねに」に陰険であるといっています。嫉妬は純粋ではないのです。「子供の嫉妬においてすら」嫉妬は陰険なものであると三木はいいます。たしかに、後から生まれてきた弟や妹に親の愛情を奪われたと思った子どもは弟妹《ていまい》を激しく憎み、いじめることがあります。

嫉妬を完全に否定する人は、嫉妬によい面は何一つなく有害であると考えます。自分が愛している人が他の誰かを愛していると知った時、あるいは、他の人を愛しているかもしれないと疑い始めた時に起きる嫉妬は、二人の関係を悪化させるからです。

しかし、嫉妬は人間らしい感情であり、さほど大きな問題ではない、それどころか、恋愛と嫉妬は切り離せず、嫉妬することが愛していることの証《あかし》であるとまで考える人がいます。嫉妬されなければ愛されていると感じない人もいます。誰でも嫉妬するものだと思っている人は、三木が「嫉妬はつねに陰険である」とこれほどまでに嫉妬を強い口調で否定していることに驚くかもしれません。

三木が嫉妬を「悪魔に最もふさわしい属性」という時、愛と対比しています。また、子どもの嫉妬も陰険だといっていることからもわかるように、恋愛だけでなく親子関係における嫉妬についても念頭においています。

しかし、それとは違う嫉妬があります。三木が次のように述べる嫉妬は、恋愛や親子関係で起きる嫉妬とは違います。

「嫉妬は自分よりも高い地位にある者、自分よりも幸福な状態にある者に対して起る」(前掲書)

この嫉妬は恋愛や親子関係で起きる嫉妬と区別して「妬み」という方が適切かもしれません。二つの嫉妬はどう違うのかについては後で考えますが、自分の持っていないものを持っている人を妬むことを、好ましいとは思っておらず、それを他の人に知られたくない人は多いように見えます。

アルフレッド・アドラーはこの妬みについて、そこから自由な人はおらず、妬みの感情をある程度許容しています。

「何らかの形で妬みを感じないでいられる人はほとんどいないだろう」（『性格の心理学』）

「われわれが皆持っているわずかな妬みは、大目に見るべきである」（『個人心理学講義』）

アドラーは妬むことで、仕事をし、前に進んで行き、問題に直面できれば「大目に見るべきである」というのですが、はたして、妬むことでそのようなことができるか、あるいはそうする必要があるのか考えてみなければなりません。

本書では、まず、嫉妬と妬みがどのようなものであるかを見ます。次に、それぞれの問題点を明らかにし、さらに、どうすれば嫉妬しないで生きることができるかを考えます。

目次——妬まずに生きる

第二章 妬みとは何か

第三章　なぜ嫉妬するのか［嫉妬の問題］

第四章 なぜ妬むのか［妬みの問題］

第五章 妬まずに生きるために

第六章　人生をどう生きるか

本文ＤＴＰ　アルファヴィル・デザイン

※引用文中の（　）は原文ママ、〔　〕は筆者の補完を示している。
※引用文には適宜、ふりがなを加えている。

第一章

嫉妬とは何か

嫉妬の種類

嫉妬には大きく分けて二つの種類があります。アドラーは、恋愛関係や親子関係で起きる嫉妬にはドイツ語の Eifersucht、英語では jealousy を使っています。

これとは別に Neid, envy という言葉も使っています。こちらは「はじめに」で述べたように自分が持っていないものを持っている人に向けられます。それぞれがどのようなものなのかはこれから見ていきますが、「嫉妬」と「妬み」という別の言葉を使うことにします。三木は嫉妬という言葉しか使いません。どちらの意味で使っているかはわかるかと思いますが、混同して使っているように読める箇所もあるので、その場合は特記します。

本章では、嫉妬（jealousy）について考えます。嫉妬は恋愛している人に起きる感情の意味で使われることが一番多いでしょうが、アドラーは、次のようにいっています。

「（嫉妬は）愛の関係における嫉妬を意味しているだけでなく、他のすべての人間関係においても見ることができる」（『性格の心理学』）

アドラーが、この嫉妬は他のすべての人間関係で見ることができるといってあげている例は、きょうだい（兄弟姉妹を以下「きょうだい」とひらがなで表記します）関係における嫉妬です。

恋愛やきょうだい関係における嫉妬の場合は、自分と相手の他にもう一人が関わってきます。嫉妬は「私」「あなた」「ライバル」の三者関係で起きます。きょうだい関係では、他のきょうだいが登場します。恋愛の場合は、ライバルは自分を愛する人を奪いうる存在として登場します。

どちらの場合も、ライバルが現れると、それまでの良好で安定していた関係が揺らぎ始めます。しかし、それまでが良好な関係だったかどうかは実のところわかりません。もしもそうであれば、嫉妬しなければならないような事態は起こらなかったでしょうから、どんな関係が良好な関係なのか知らなかったというのが本当のところです。

子どもの頃、親が自分よりも他のきょうだいを愛していると思って親やきょうだいに嫉妬する子どもは、後に誰かを好きになった時にも自分だけを愛してくれていると思っていた人が、自分ではない他の誰かに愛情を向けている、あるいは、そう見える時に嫉妬します。既《すで》に持っているものをライバルが奪おうとしている、あるいは既に奪われたと思うからです。このような嫉妬は持っていたものを失うという意味で「喪失」に関わります。

このような嫉妬が起きる関係において大事なのは愛する人（パートナーや親）であって、自分が既に持っていた愛を奪った、あるいは奪うかもしれないライバルではありません。

後に見る妬みとは違って、ライバルと競争することではなく、「私」と「あなた」との関係が重要です。

正確にいえば、嫉妬する人にとっては「私」と「あなた」の関係だけが問題なのであり、自分たちの関係を危うくするような存在をできれば無視したいけれどもできないというのが本当のところです。

行動感情を目的論的に見る

三木は嫉妬を「情念」といっていますが、厳密にいうと嫉妬は情念、感情ではありません。例えば、怒りであれば、いつも怒っているように見える人がいても、文字通り、いつも怒っている人はいません。怒りっぽいという意味です。そのような人は、自分の思うようにならないことがあれば、怒りという感情を使って、自分の考えを押し通そうとします。同様に、嫉妬深い人はいますが、このような人が嫉妬という感情を使うことはありません。どういうことかは後で見ます。

アドラーは人間の行動や感情を目的論的に見ます。行動を目的論的に見るとはどういうことか。アドラーは次のように説明します。

「人が生き、行為し、自分の立場を見出す方法は、必ず目標の設定と結びついている。一定の目標が念頭になければ、何も考えることも、着手することもできない」（前掲書）

何か行動を起こそうとする時、まず目標を設定します。感情が人を後ろから押すのではなく、この目標を達成するために行動をし、感情を作り出すのです。

「一本の線を引く時、目標を目にしていなければ、最後まで線を引くことはできない。欲求があるだけでは、どんな線も引くこともできない。即ち、目標を設定する前は何をすることもできないのであり、先を予め見通して初めて、道を進んでいくことができるのである」（『教育困難な子どもたち』）

この目標は、優秀でありたい、他者を支配したい、また認められたいというようなことです。

目標を達成するための性格・ライフスタイルと情念（感情）

この目標を達成するために「性格」（Charakter, character）、あるいは「ライフスタイル」（Lebensstil, lifestyle）を使うのです。アドラーはこの二つの言葉をほぼ同じ意味で使っています。性格やライフスタイルの一つの意味は、ある状況で目標を達成する時に選ぶ行動パターンです。人はある状況で起きていることをどう解釈し、どんな行動をするかをわりあい早い年齢で決めます。
もう一つの意味は、この世界や他者、さらに自分をどう見るかということです。「性格は心の態度決定である。即ち、人がどんなふうにまわりの世界に向き合うかという方法である」（『性格の心理学』）
この世界を危険な場所と見るか、安全な場所と見るか、他者についても、他者は必要があれば自分を援助する用意のある仲間（Mitmenschen）と見なすか、それとも、自分を陥《おとしい》れようとする怖い敵（Gegenmenschen）と見るかによって、人生は違ったものになります。「仲間」、「敵」と訳しましたが、それぞれ人と人がつながっている（mit）か、対立している、敵対している（gegen）かという意味です。他者とつながっていると見るか、そうでないと見るかは自分が決めるのです。
よく知っている人が道ですれ違った時に目を逸《そ》らしたら、自分を避けている、嫌っていると思う人は、その人との距離を感じ「敵」と見るでしょうが、他方、自分に好意があるので恥ずかしくて目を逸らしたと思うと、その人とつながっていると感じ、「仲間」と見なすでしょう。同じ事態を違った仕方で解釈するのです。

自分についても、自信があるか、そうでないか、有能であるか、そうでないかを自分が決めています。

アドラーは、次のようにいっています。

「ライフスタイルは、しばしば二歳で、五歳までには確実に認められる」（『生きる意味を求めて』）

同じ親から生まれた子どもでも性格が違いますが、アドラーは、性格は生得《せいとく》的なものではなく、自分で選ぶと考えます。同じ親から生まれ、ほぼ同じ家庭環境で育ったのに、ある状況でどんな行動をするか、自分や世界をどう見るかが、子どもによって違うのは、自分で決めたからであるとしか説明できません。

このライフスタイル、性格によって目標を達成するために情動（Affekt, feeling, emotion）も使います。情動はライフスタイル、性格の亢進《こうしん》したもの、性格の程度を高めたものとアドラーはいっています（『性格の心理学』）。

怒りを爆発させる人のことを思い浮かべたらわかります。怒る時、きっかけになることはあるでしょうが、それが原因で怒るわけではありません。怒る時にはそうするわけがあります。何か達成するべき目標があって、それを達成するために怒りの情動を使うのであって、ついカッとするのではありません。
ついカッとするように見える人ですら、今この場面で怒るかどうかを瞬時に決めていま
す。今ここで怒ることが有利か、そうでないかを瞬時に判断するということです。
アドラーは、近くにいる人が苦痛になるような仕方で、大声で怒鳴り散らす人の例をあげています（前掲書）。そのような人は、鏡を割ったり、高価なものを壊したりしますが、後になって自分がしたことを覚えていないといっても、誰も信じません。怒っても、自分が大事にしているものは決して壊したりはしないからです。
怒りの場合は、達成しようとする目標は他者を支配することです。ただし、この目標を本人も知らないことがあります。アドラーは「隠された目標」（前掲書）という言い方をしますが、何のために怒ったか、人から教えられて初めてわかることがあります。
「このような事象には計画がある」（前掲書）
何のために怒りを爆発させたかを本人がわかっていないことはあっても、「計画」は必ずあるのです。

ライフスタイルとしての嫉妬

嫉妬もライフスタイルです。アドラーが、性格について、「人がどんなふうにまわりの世界に向き合うかという方法である」（前掲書）といっていることは先に見ましたが、嫉妬について次のようにいっています。

「（嫉妬は）愛の関係における嫉妬を意味しているだけでなく、他のすべての人間関係においても見ることができる。とりわけ、子ども時代には、きょうだいが、他のきょうだいよりも優《まさ》るために、野心と共に、このような嫉妬も自らの内に発達させ、そうすることで敵対的で闘争的な立場を示す」（前掲書）

また、アドラーは、

「まわりの世界との闘いに巻き込まれる人は、このような闘いにとって必要と見える性格を発達させる」（前掲書）

といい、その性格の一つとして、嫉妬を野心、不信と並んであげています（前掲書）。この性格を、優秀でありたい、力で他者を支配したい、また認められたいという目標を達成するために必要であると考えて獲得するのです。

王座から転落する

なぜ、嫉妬する人は他者に対して敵対的になったのか、他のきょうだいよりも優ろうとしたのか。アドラーは次のように説明します。

「冷遇されていると感じることから他の形の野心が発達する。これが嫉妬であり、しばしば人間に生涯にわたってまつわりつくことになる」(前掲書)

なぜ冷遇されていると感じたのでしょうか。生まれてすぐに自分が親から冷遇されていると感じ、嫉妬する子どもはいません。そのように感じ嫉妬するようになったのは、「王座転落」(dethronement)したからです。

「このような〔嫉妬する〕人のライフスタイルを見れば、権利を奪われたという感覚を見出すことができる。実際、嫉妬深い人に会えば、いつでもその人の過去を振り返り、その人は、かつて王座から転落したことがあり、今再び王座から転落するのではないかと予期しているのではないかと見てみるといいだろう」(『個人心理学講義』)

第一子は、弟や妹が生まれる前は自分が親に愛されていることを疑ってはいなかったでしょう。ところが、弟や妹が生まれると、それまで自分だけに向けられていた親の注目、関心、愛情が、自分ではなく、後から生まれてきた弟や妹に向けられ、自分がもはや王子、王女ではなくなったと思うのです。

第一子だけが王座から転落するわけではありません。どのきょうだい順位に生まれた子どもも、初めは親から十分世話をされ愛されますが、後から弟や妹が生まれると、第一子と同じような経験をすることになります。

アドラーは次のような事例をあげています。

「ある男性は、母親が彼と弟を市場へ連れて行ってくれたことを話すかもしれない。これだけで十分である。このエピソードを手がかりにして、彼のライフスタイルを見出すことができる。彼は自分自身と弟を描いている。それゆえ、彼にとって弟を持つということが重要だったに違いないことがわかる」（『個人心理学講義』）

この男性は市場に行った時のことを話しています。兄の早期回想《そうきかいそう》（子ども時代の記憶）に弟が出てくれば、その弟との「競争」の話が出てくることが予想できます。母親も登場しているので、この競争が母親と関係することも予想できます。

「さらに回想を続ければ、その日、突然雨が降り出したというような状況を語るかもしれない。母親は最初彼を抱いていたが、弟を見ると、彼を降ろして、弟を抱き上げた。ここから彼のライフスタイルを描くことができる」（前掲書）

この状況で、母親が兄ではなく、弟を抱き上げるのは当然でしょう。しかし、兄はそれを許せません。雨が降る前は自分を抱いていたのに、なぜ母親が自分を降ろし、弟を抱き上げたのか理解できないのです。弟こそ雨が降る前になぜ自分ではなく、兄が抱かれていたか理解できなかったかもしれませんが、兄は弟が抱き上げられた時、自分が「冷遇」されたと感じたわけです。

これはある日の出来事ですが、同じようなことは弟が誕生して以来何度も起こったでしょう。兄は親の注目、関心、愛情を独占できていたのに、弟が誕生するや否《いな》や、王座を弟に奪われたと思ったのです。

誰もが嫉妬するわけではない

ただし、同じような状況に置かれた子どもが皆、王座から転落したと思って嫉妬するかというとそうではありません、実際に愛されなくなったのではなく、自分は前のようには愛されなくなったと「思った」ということです。石は手から離れたら必ず落下しますが、王座からの転落は「心理的下降」(『子どもの教育』)なのです。アドラーは次のようにいっています。

「子どもたちにおいては、嫉妬はほとんど常に、とりわけ下に弟や妹が生まれ、親の注目がもはや自分には向けられず、兄や姉が王座から転落した王子、王女になる時に見られる。以前は快適な暖かさの中ですわっていた子どもはとりわけ嫉妬する」（『性格の心理学』）

「快適な暖かさ」がなくなり、もはや自分が注目の中心ではなく冷遇されていると感じると、親や弟、妹に嫉妬します。親は本来自分だけを愛すべきなのに、他のきょうだいを愛するのを許せないと思うのです。もちろん、親は兄や姉を愛さなくなったのではありません。弟や妹の面倒を見なければならず、そのため前のように兄や姉の世話をできなくなっただけですが、兄や姉はこのことを理解できないのです。

それまで、自分がいわば王子、王女様だったのに、後から生まれてきたきょうだいに王座を奪われて王座から転落し、自分が冷遇されていると感じます。子どもは、後から生まれたきょうだいに「ほとんど常に」嫉妬するとアドラーはいっています。「必ず」嫉妬するわけではないということです。

「快適な暖かさの中ですわっていた子ども」というのは、甘やかされていた子どもという意味ですが、親は必ず第一子を甘やかすわけではありません。親にとっては初めての子どもなので、後から生まれてくる子ども以上に時間もエネルギーも第一子にかけ、実際、甘やかした親もいるでしょうが、そうであっても、第一子が甘やかされて育ったために、必ず嫉妬するわけではありません。

なぜ嫉妬するのか

王座転落の経験が後の嫉妬のきっかけになったことをここまで見てきました。誰もが同じ状況で王座から転落したと思うわけではありませんが、そう思った子どもは親やきょうだいに嫉妬するようになります。なぜ嫉妬するのでしょうか。嫉妬することでどんな目標を達成しようとしているのでしょうか。

アドラーは、次のようにいっています。後半は前にも引用しました。

「子ども時代にはきょうだいが他のきょうだいよりも優るために、野心と共に、このような嫉妬も自らの内に発達させ、そうすることで、敵対的で闘争的な立場を示す。冷遇されていると感じることから、他の形の野心が発達する。これが嫉妬であり、しばしば人間に生涯にわたってまつわりつくことになる」(『性格の心理学』)

「敵対的で、闘争的な立場を示す」のは、王座から転落して冷遇されたと感じたからですが、最初から必ずそうなるわけではありません。しかし、弟や妹が生まれ、自分をめぐる状況が変わったことはすぐに感じるので、親の愛情を自分に向けるために、状況の変化に対処しなければならないと思います。

そこで、何としても他のきょうだいに優り、親に認められなければならないと考え、最初は手伝いをしたりするなどして、いい子になって親にほめられようとします。また大抵の親は、子どもが言葉を覚えるのが早かったり、数の計算ができたりすると、この子は頭がいいなどといってほめるので、一生懸命勉強して親に認められようとすることもあります。

しかし、いつもほめられるわけではなく、弟や妹の面倒をみるように頼まれても、大泣きさせたり、何か失敗した時に親に叱られることがあります。勉強をして親に認められようとした子どもも、いつまでもいい成績を取れるとは限りません。兄や姉が時間をかけ努力してようやくできるようになったことを弟や妹がやすやすとできるようになると、多くの親はほめます。このようなことがあると、自分が不当に扱われていると感じた子どもが他のきょうだいに敵対的で闘争的になるのです。

アドラーは「野心と共に」(前掲書)嫉妬を発達させるとも、冷遇されたと感じて発達させた「他の形の野心」(前掲書)が嫉妬であるとも説明しています。アドラーは「美しく響く言葉」（前掲書）として「野心」を使うことがあるといっていますが、実はこれは「虚栄心」でしかありません。虚栄心は、自分を実際よりもよく見せ、人から認められようとすることです。

「総じて、認められようとする努力が優勢となるや否や、精神生活の中で緊張が高まる。この緊張は、人が力と優越性の目標をよりはっきり見据え、その目標に活動を強めて、近づくことを試みるように作用する」（前掲書）

野心（実は虚栄心）のある人は力を持ち優秀であることで認められようとしますが、子どもの頃は、他のきょうだいに優るために、この「野心と共に」（前掲書）嫉妬を発達させるのです。

敵対的、攻撃的な態度を取るようになると、「子供の嫉妬においてすら」（三木清『人生論ノート』）嫉妬は陰険なものになります。アドラーは六歳の少女の事例を引いていますが、妹が生まれた時、それまでは比較的快適な状況にいたのに、彼女の中に「完全な変化」が起こり、妹を激しく憎んでいじめ始めました（『性格の心理学』）。この少女の嫉妬は自分の妹だけではなく、自分より年下の少女にも向けられました。

そのような経験をし王座から転落したと思った人は、大人になってからも、自分にだけ向けられていた注目、関心、愛情が後から生まれた弟や妹に向けられた時のような経験をして、その時と同じように王座から転落するのではないかと恐れます。「今再び王座から転落するのではないかと予期している」（前掲書）というのは、そういう意味です。

ただし、このような状況に置かれた子どもが必ず激しい敵意を持つわけではありません。「姉や兄が弟や妹に強い愛着の念を感じ、母親のように感じることもありうる」（前掲書）

これも弟や妹に嫉妬するケースと同じであるとアドラーはいいます。

「姉が弟や妹に母親の立場を取る時、これも姉がまたもや優越した立場にあるということであって、自由にふるまい、支配できるのである」（前掲書）

また、他のきょうだいとの競争に勝つ子どももいます。ただし、冷遇されていると感じ、そのことが「前へと駆り立てる」（前掲書）のであり、嫉妬心が根底にあります。

第一子だけではなく、自分が冷遇されていると感じた子どもは他のきょうだいに激しく嫉妬します。妹が兄を凌駕《りようが》するのは珍しくないとアドラーはいっています。

「少女は冷遇されているという感覚の中で棘《とげ》を感じ、そのことが絶え間なく少女を前へと駆り立てるので、妹が熱意とエネルギーによって兄をはるかに凌駕することに成功するのは、珍しいことではない」（前掲書）

親が兄を男の子であるという理由で優遇するようなことがあれば、そのようなことも起こります。しかし、冷遇されていると感じて兄に嫉妬した妹が兄に競争を挑み勝ったとしても、その勝利がずっと続くとは限りません。

そのようなことがあって、思っているような注目を親から得られないと、弟や妹を愛情を向ける親に嫉妬する第一子は、叱られてでも、親に注目されようとします。また、それまでは例えば、夜一人で寝られていたのに、親から離れて寝られなくなったり、夜泣きしたりして親を困らせることもあります。嫉妬する子どもはこうすることで、親の注目を再び得ようとするのです。

嫉妬が「しばしば人間に生涯にわたってまつわりつく」（前掲書）とアドラーがいうのは、後の人生においては、人を替えて嫉妬するということです。子どもの頃きょうだいに向けたのと同じように、嫉妬するようになるのです。

ライフスタイルは変えられる

注意すべきことは、子どもの頃に王座からの転落を経験したことが、嫉妬というライフスタイル（性格）を形成し、そのライフスタイルが大人になってからも嫉妬させるのではないということです。

また、嫉妬する性格だから、他者に敵対的で他者よりも優秀であろうとするのでもありません。他者に優るために嫉妬という性格を身につけたのであり、性格は先天的なものではなく、また生涯変えられないわけではないのです。

とはいえ、子どもは何もない、いわば真空の状態で自由に自分のライフスタイルを決めるのではありません。ライフスタイルを決めたのは自分ですが、その決心に影響を与えた要因があります。一番強い影響を与えるのはきょうだい関係ですが、他に親の価値観や、自分が生まれ育った国の文化が影響を与えます。自分で決めたといわれても、幼かった自分が決めたとは思えないでしょうが、いろいろなことに影響されて、どんなライフスタイルで生きていくかを決めるのです。

また、ある日、突然ライフスタイルを決めるわけでもありません。先にも見たように、ライフスタイルは幼い頃に認められます。しかし、アドラーは五歳までには確実に認められるといっていますが、十歳頃までは、何度も決心し直しているというのが本当だと私は考えています。その後は、ライフスタイルを変えることは難しいのです。特有の仕方で自分や他者、世界を見ていること、また、同じような状況ではいつも同じような仕方で行動していることを自分では気づいていません。

カウンセリングの時に、子どもの頃の経験をたずねることがありますが、今のライフスタイルを形作る原因となった経験を知りたいからではありません。子どもの時も今も人を替えて同じようなことをしていることに気づけば、今ならどうするかを一緒に考えられるからです。

嫉妬する人も、子どもの時も今と同じように親や他のきょうだいに嫉妬していたことに気づけば、これからは、嫉妬しないで人と関われることを教えることができます。

もっとも、自分のライフスタイルを知ったとしても簡単に変えることはできません。長年慣れ親しんだライフスタイルに従って生きる方が楽だからです。楽という表現はあまり適切でないかもしれません。嫉妬すれば関係が悪化するという経験を何度しても、これではいけないと思っても、次に同じ経験をした時に、また同じことが起きたと思って妙に納得して、諦《あきら》めてしまうからです。

嫉妬する人は劣等感がある

アドラーは次のようにいっています。

「嫉妬は強くて深い劣等感にもとづいている」(『個人心理学講義』)

子どもの頃に親の注目や関心が他のきょうだいに向けられ、親やきょうだいに嫉妬した人は、大人になると、自分が愛している人が自分ではない他の人を愛するようになるのではないかと恐れます。そのような人は、ライバルが出現することを恐れ嫉妬しますが、実際にライバルが現れると、さらに激しく嫉妬します。嫉妬する人は、仮想であれ現実であれライバルと自分を比べ、自分が劣っているのではないかと思います。これが劣等感です。劣等感もライフスタイルです。嫉妬する人は強気であるように見えますが、自信があるわけではありません。

このような劣等感を持っていることを認める人はいないでしょう。

「劣等感は一般に弱さの兆候、何か恥ずべきものと見なされているので、劣等感を隠そうとする傾向が強いのは当然である」(『人はなぜ神経症になるのか』)

劣等感を隠そうとする努力があまりに大きいため、自分に劣等感があることに気がつかなくなってしまうので、嫉妬している人に、劣等感を持っているかとたずねても、持っていないという答えが返ってきます。

「少しの間も嫉妬している事実を認めることなく嫉妬しているケースはたくさんある。こ

れはおそらくは嫉妬はそれ自体として劣等感であると考えられており、意識的な自己評価とは相容《あいい》れないからである」（前掲書）

「意識的な自己評価とは相容れない」とは、自分は愛されているはずであり、自分より愛されるに値する人などいないと思っている、あるいは、そう思いたいということです。そのように自分では思ってみても、確信しているわけではないのです。このように、嫉妬して相手を激しく責める人は強気に見えても、劣等感があるからこそ責めるのです。

情動としての嫉妬

先に怒りを例にして、情動は性格の亢進したもの、性格の程度を高めたものであることを見ました。情動も性格と同様、目標があります。情動は性格あるいはライフスタイルに対応し、それが達成しようとする目標を実現するために情動を作り出して使うのです。

嫉妬は怒りに相当するような嫉妬固有の情動はありませんが、恋人に裏切られたと知った人は、相手に怒りをぶつけます。その時、ついカッとして怒るように見えますが、相手を支配するために怒るのです。つまり、怒ることで、相手を自分のもとに留《とど》めようとするのですが、怒りをぶつけたところで、相手が自分を愛するようになるかはわかりません。

アドラーは怒りのような情動について、次のようにいっています。

「情動は自分の意志を押し通す他の可能性を断念したか、より正確にいえば、そうするための他の可能性があることを信じていないか、あるいは、もはや信じない人だけが獲得することができる強化された動きである」（『性格の心理学』）

意志を通すとは、嫉妬する人の場合、相手に他の人に気持ちを移すことを断念させることですが、怒りによる以外、自分の意志を押し通すことができないと思っています。自分の意志を押し通すために怒りを爆発させると、相手が自分に従ったという経験をしたことがあれば、怒れば自分の意志を押し通すために有効だと思い込んでしまっているのです。

怒りは身体にも現れます。

「怒りは栄養器官に強く作用するので、怒っている時に吐く人がいることが知られている」（前掲書）

吐くことで敵意を表現、他者を糾弾《きゅうだん》するのです。実際、このようにしてまで怒る人に屈《くっ》してしまう人はいます。

「情動の一つの面は、劣等感、不足感である」（前掲書）

不足感と訳しましたが、自分が十分でないと感じているという意味です。怒りをぶつけるような情動に訴える以外の方法はないと思っている嫉妬する人は、自信がなく劣等感があるのです。

悲しむ人

弟や妹が生まれ、王座から転落したと思った子どもは、きょうだいに敵意を感じると、冷遇されていることに怒りを覚えるだけでなく、不機嫌になったり、憎んだり、「復讐《ふくしゅう》感情」（前掲書）を抱いたりします。大人になっても、相手を引き止めるためにこれらの情動を作り出します。

相手の思いが変わると怒るのではなく、悲しむ人もいます。

「悲しみという情動は、何かが奪われたり失われた時、そのことを慰《なぐさ》めることが容易でない時に生じる。悲しみも、よりよい状況を作り出すために、不快感、無力感を取り除くという兆《きざ》しを内に秘めている」（前掲書）

悲しんでいる人を見れば、まわりの人は放っておくことはできません。

「悲しんでいる人にとって、高められたという感覚は、まわりの人の態度によって与えられる。悲しむ人が、誰かが奉仕し、同情し、支え、何かを与えたり、話しかけることなど

によって、しばしば楽になることが知られている」（前掲書）

「高められたという感覚」とは優越感です。悲しむことによって他の人を自分に奉仕させることで、他の人よりも優位に立てると思えるのです。

嫉妬する人は怒りを爆発させることもありますが、悲しみも爆発させます。

「悲しむ人は、泣いたり嘆くという爆発によってまわりの人に対する攻撃を始め、告発者、裁判官、批判者となって、まわりの人よりも自分が高くなったと感じられる」（前掲書）

不快感、無力感は、相手を責めて満足感を得た時に取り除かれます。

怒る人が吐くのに対して、悲しむ人は食事を摂《と》らなくなります。

「悲しみの情動は、しばしば食物を摂らないという形で現れる。悲しんでいる人は痩《や》せていくように見え、陰惨《いんさん》な光景を見せることになる」（前掲書）

自分を悲しませた人に対しては悲しみは敵意の表現ですが、悲しむと他の人が同情してくれます。同情されることで皆の注目の中心になれば「自尊感情が並外れて高められる」（前掲書）ので、悲しむのをやめようとしない人がいます。こうして、悲しむことで無力の状態から脱して優越感を得ようとするのですが、この優越感は劣等感の裏返しでしかありません。

不安になる人

嫉妬しているのに嫉妬している事実を認めない患者の例として、アドラーは心臓の痛みを訴える、二十年間幸福な結婚をしていたはずの女性をあげています。心臓の痛みは時折起こり、特に不満を感じた時に起こりました。

この女性は外国からウイーンにきたのですが、彼女の夫はしばらくの間ベルリンで過ごすために彼女のもとを去りました。夫が出発した夜、彼女はいつまでも眠ることができませんでした。

アドラーが彼女に、眠れずに横になっている時にどんなことが心に思い浮かぶかとたずねると、「夫がベルリンからどれくらい遠くにいるか考えました」と答えました。

「この発言で、彼女は絶えず夫がどこにいるか考えており、そして何をしているかと考えていることがわかった。彼女の結婚が幸福なものであったという事実がいっそう油断なく見張りをさせるようにした」（『人はなぜ神経症になるのか』）

夫や妻が遠くに旅に出れば心配です。旅でなくても、外出した家族が帰るといっていた時間を過ぎても帰ってこなければ、不安になるのは当然です。これはこのような状況で誰もが持つ不安であり、安全であることを確認したいと思う気持ちはあって当然ですが、この女性のように、「見張る」のは尋常《じんじょう》ではありません。

しかし、嫉妬する人は、相手が今どうしているかわからないことが不安であるだけでなく、今誰か他の人と一緒にいるのではないかという恐れを抱いてしまいます。

この患者の場合も、ただ夫が遠くにいることが心配なのではありません。夫と夫が心を移すかもしれない人に嫉妬しているのです。幸福な結婚生活を送っているのに、夫を見張り、自分のもとに引き止めなければならないと思っているということは、彼女が劣等感を持っていることを示しています。

「このような状況は嫉妬深い恐れを生み出す豊かな土壌である」（前掲書）

幸福な結婚生活を送っているように見えても自信がなく、また自分は愛されるに値しないのかもしれないと思っている人にとって、夫が自分を置いてベルリンに行ったことは嫉妬から起きる不安を引き起こす理由にできるということです。

この患者の場合、その上、心臓が痛むのです。この痛みは身体的なものではありません。いわば身体的な嫉妬、身体症状で示す嫉妬です。嫉妬するだけでは夫は心配しないかもしれませんが、心臓が痛むといえば彼女を心配しないわけにいかないでしょう。

この心臓の痛みが現れる少し前に、彼女は足に痛みを感じ、縛られたようになって足を動かすことができなくなりました。受診後、一晩経って次のような夢を見たと語りました。

「ある人が私に、足が不自由で歩けない子牛を見せてくれました。この人が私に子牛を殺すように命令しました」

アドラーは、この夢を次のように解釈しています。

「歩けないということは、彼女自身の症状を暗示している。自分をこの小牛に同一視していると考えるのは正当である。この関連でいえば、小牛を殺すことは自殺を意味していた。おそらく、このケースでは喉《のど》を切ることによる自殺であるが、足が不自由であることにはそれ以上の意味があった。この点で彼女が私に、彼女の夫の友人が淋菌《りんきん》性の関節炎による膝《ひざ》の強直症にかかっていると語ってくれたことが助けになった」（前掲書）

夢の中の子牛、つまり彼女は淋病に罹患《りかん》したために膝が強直し歩けなくなったのですが、その病気は夫からの感染であると考えたのです。夫を非難しているのです。

妄想する人

自尊心の強い人であれば、弱さを見せるのではなく、パートナーを強く非難します。アドラーは次のような女性の症例を、無力な状態を補償するために作り出される嫉妬の適例としてあげています（前掲書）。

この女性は六十歳で、かつては非常に裕福で贅沢《ぜいたく》の限りを尽くしていましたが、後に貧しくなりました。二人の結婚した娘が彼女と夫を援助し贅沢をさせていましたが、娘たちが自分の家族のことで手一杯で、彼女にはほとんど注意を払わなくなった時、彼女は見捨てられたと感じました。

彼女に残されたのは夫だけになり、夫に彼女が「失ったもののすべての補償」（前掲書）を見出そうとしました。しかし、夫が彼女に全面的に服従し隷属《れいぞく》しても、彼女が必要とする優越感を維持するには十分ではなく、満足できませんでした。

そこで、彼女は自分の優越感を強めるために、夫の不誠実を批判しました。夫が家に住み込みで働いている女性に親切であることを、二人が情を通じていることのサインであると思い、昼と夜に彼女が家の中で聞くすべての音が、この信念を確証するものであると思い込むようになりました。その女性はついに去り、他の街に移り住みました。しかし、もう近くにはいないことを納得できず、夜に彼女がドアをノックするのを聞いたと信じました。そして、新聞広告を使って夫と連絡を取っているのではないかと疑いました。

夫より優位に立ち優越感を持つためには、このような妄想を作り出して、夫を非難しなければなりませんでした。もちろん、彼女は事実であると信じて疑わず、夫を責めることで優位に立とうとしたのです。

彼女の嫉妬の目的は、もはや以前のように注目されなくなり見捨てられたと感じたけれども、夫を非難することで無力な状態から脱し、夫を支配することで自分が依然として優れていると確信することです。

アドラーは、続けて次のようにいっています。

「このように、嫉妬して非難の態度を取ることで、状況を彼女の個人的な特権のまわりで回転させることを可能にした」（前掲書）

嫉妬する人は、きょうだいが生まれ、親の関心や注目が自分から離れていった時のように、自分が注目されなくなることを恐れ、そうならないように、嫉妬することで注目の中心に立とうとするのです。

彼女の嫉妬は事実にもとづいたものでなく、妄想でしかありませんでしたが、夫を責めることで、夫より優位に立ち、「状況を彼女の個人的な特権のまわりで回転させること」、注目の中心に立つことに成功したのです。

自分の弱さをさらけ出す人

嫉妬する人は、このように怒ったり、悲しんだり、不安になったりして自分の愛する人を何としても引き止めようとします。

「嫉妬深い人は、パートナーを自分のもとに引き止めておくことができないのではないかと恐れている」（『性格の心理学』）

自信があれば、パートナーが自分から離れていくとは思わないでしょうが、自分のもとに引き止めておくことができないかもしれないと恐れているのです。

「何らかの仕方でパートナーに影響を及ぼしたいと思うまさにその瞬間に、嫉妬を表明して自分の弱さをさらけ出してしまう」（前掲書）

影響を及ぼすというのは、引き止めようとすることです。時に、「自分の弱さをさらけ出しても」、自分のもとに留まるように哀願《あいがん》しますが、多くの場合そのことに成功しません。

嫉妬する人は忙しい

ここまで嫉妬する人に起きる情動がどんなものかを見てきましたが、次に嫉妬する人がどんな行動をするかを見てみましょう。

先に見た心臓の痛みを訴える女性は夫を見張るようになりました。また、市場に母親と弟と一緒に行った男性も、その後の人生でいつも他の人が自分よりも愛されるようになるのではないかと見張るようになりました。この男性のライフスタイルは、友情の場合も同じです。

「同じことは、友情にも当てはまる。友人が自分よりも他の人のことを好きになるのではないかと考えているのである。その結果、本当の友人を持つことができない。友情を損なうどんな小さなことも見落とすまいといつも疑っているからである」(『個人心理学講義』)

疑い始めたら愛情や友情を損なう「どんな小さなこと」もすぐに見つかります。

三木も好奇心と嫉妬を関連づけています。

「嫉妬は出歩いて、家を守らない。それは自分に留まらないで絶えず外へ出てゆく好奇心のひとつの大きな原因になっている。嫉妬のまじらない無邪気な好奇心というものは如何《いか》に稀《まれ》であるか」(『人生論ノート』)

三木はここでもベーコンを念頭に置いています。

「おせっかいで詮索《せんさく》好きな人は、普通嫉妬深い」(『随筆集』)

「嫉妬というものは出歩く感情で、通りを歩きまわり、家にじっとしていない」（前掲書）

なぜそのようなことをするのかといえば、よくいえば、自分が好きな人に関心があるからですが、それだけでなく、自分の知らないところで何をしているかが不安なので、見張っているのです。ベーコンは愛も人をやつれさせるといっています。嫉妬することが愛だと思っている人は、愛する人が今どうしているかが気になるというだけでなく、相手の気持ちが自分から離れていきそうな兆候が少しでもあれば、絶え間なく見張っていなければならないのです。

ベーコンは、嫉妬が他の情動と異なる点を次のように指摘しています。

「〔嫉妬は〕他の感情より、とりわけ、それはしつこく継続的である。他の感情は時々機会が与えられるが〔嫉妬はそうではないからである〕。したがって、嫉妬には休日がないとはよくいったものだ」（前掲書）

いつも怒っているという人はいないでしょう。しかし、嫉妬は「何かに対して、始終働きかけている」（前掲書）ので、人をやつれさせるのです。見張るにしても、何も感じていないはずはありません。

アドラーは、次のようにいっています。

「嫉妬はさまざまな形で現れる。それは不信感、こっそりうかがってはかるという特徴、軽視されているのではないかと絶えず恐れることに見られる」(『性格の心理学』)

相手を信じられず、常に見張らないと心配でたまらない人がいます。彼や彼女が今どうしているかを知りたいので、不断に連絡を取ろうとします。電話に出なかったり、メールに返事がこなかったりしたら不安になります。そのうち、すぐに連絡がこなかっただけでなく、他の人を愛しているのではないかと不信感を抱くようになります。

愛されていないのではないか、軽視されているのではないかと思って、その証拠を探そうとすれば、すぐに見つかり、あらゆることが相手への不信につながります。面と向かって詰問《きつもん》する人もいるでしょうが、このような恐れを抱く人はまず「こっそりうかがってはかる」とアドラーはいっています。

「こっそりうかがってはかる」というのは、自分と相手を比べ相手の行動をこっそり見て、自分が他の人よりも軽視されていないか測ることです。自分が愛されていることを確信している人は、このように比べたりはしないでしょう。

自分が軽んじられているのではないかと絶えず恐れるのも、嫉妬の現れだとアドラーは見ています。そのようなことをしていれば「自分が消耗する嫉妬」(前掲書)になります。

ベーコンが嫉妬は人をやつれさせるといっているのと同じです。

他者の自由を奪う

見張るだけではすみません。嫉妬する人は、自分が知らないところで、他の人が楽しむことを許せません。アドラーは次のようにいっています。

「〔嫉妬は〕遊びの興《きよう》を削《そ》ぐ人という形で現れることもある。そのような人は、相手をけなすか、あるいは、相手を支配するために、誰かを束縛する努力をして、その人の自由を制限することを試みる」（『性格の心理学』）

遊ぶのなら私も一緒でないといけないというわけです。自分を置いて出かける時には、いつどこへ誰と一緒に出かけるかを問い、必ず連絡をするよう求めて相手の自由を制限しようとします。連絡を怠《おこた》れば非難します。このようにして、主導権を握ろうとします。

「これは、嫉妬を人との関係の中に置き、他の人がそのことで、ある種の法律を得るようにするきわめて愛用される方法である。それは独自の心の線であり、他の人に愛の法律を強《し》いようとしたり、閉め出したり、また、他の人にどのようにまなざしを向け、行為の、それどころか思考のすべてを統御するべきかを命じる時にその線をたどるのである」（前

掲書）

嫉妬する人は、相手の行動を制限し、さらには思考まで統御しようとします。さらには、まなざしまでコントロールしようとする人がいます。

一緒に歩いている時に、他の人に目を向けたら怒ったり不機嫌になる人がいます。そうすることで、相手を支配し優位に立とうとするのですが、相手を縛り自由を奪わなければ、相手の関心が自分以外の人に向くのではないかと恐れているのです。

思考を統御するということでアドラーがどういうことを念頭に置いているかはよくわかりませんが、思考でなくても、同じものを見て感動することを期待するとか、価値観を同じくすることを求めるということはあるでしょう。

「嫉妬は優越性の関係を確立するためにきわめて頻繁に用いられる。嫉妬するパートナーが、相手の行動のためのルールを制定する。そして、道徳的に非難することで力ずくで従わせようとします。このような行動が向けられる人は、そのためにパートナーの地位から従者の地位へと格下げされる。そのことで、嫉妬している人は相対的に優越感を得ることができるのである」（『人はなぜ神経症になるのか』）

嫉妬する人は「愛の法律」、「相手の行動のためのルール」を制定します。自分の行動のためのルールではありません。相手がそのルールに違反すれば、「道徳的に非難する」ことで力ずくで従わせようとします。こうして、優位に立とうとするのです。

親の介護をしていた人がいました。夕食が終わると、親を寝かせなければなりません。就寝までの時間は忙しいのです。ところが、そのような事情を理解できない彼が、毎晩親の世話をしなければならない一番忙しい時間帯に電話をかけてきます。「今は忙しいので後から電話をする」といっても、聞きません。ある日、彼はこういいました。

「僕たち、付き合っているのだろう？」

これがアドラーがいう道徳的な非難です。付き合っているのであれば、自分との時間を最優先するべきであるのに、自分が後回しにされることがあってはならないという、自分にとって都合のいい、いわば私的な道徳です。

彼は彼女が自分よりも親を大切にし、親との時間を優先することがおもしろくなかったのでしょう。親の看病はもちろん遊びではありませんから「遊びの興を削ぐ」わけではありませんが、自分が関わらない時間を彼女が過ごすことを受け入れられなかったのです。

彼は夕食後電話で話すというルールを相手の事情を考えずに一方的に定め、それに従わない彼女を責めました。

「すべては他の人から自由を奪い、呪縛《じゅばく》、拘束するための手段である」（『性格の心理学』）

彼は彼女の自由を制限しようとしましたが、このように絶えず見張られ自由が制限されることを好む人はいないでしょう。自由を奪われた気になり、結果的には相手の心は離れていきます。

彼女が二人の関係を悪化させたくないので、押し付けられたルールであってもそれを守ったら、彼女は彼の「従者」になったでしょうが、彼女は従者になることを拒みました。彼は彼女に「法律」を定め、彼女を従者にすることで、母親に向けられた関心を自分に向けようとしたのですが、その試みに失敗しました。彼女は彼と別れる決心をしたからです。

ライバルの価値を貶める

今は愛し合っている恋人同士でも、ライバルが現れたら二人の恋愛は脅《おびや》かされることになりますが、ライバルは取るに足らない人と見なさなければなりません。自分よりもその人が優位であり、その人と比べて自分が劣っているということは、あってはならないのです。そのように見なさなければならないという意味では、ライバルは無視できない強力な存在になります。

社会心理学者のエーリッヒ・フロムが、家族ぐるみで親交のあった若い女性の画家のことを書いています（*Beyond the Chains of Illusions*）。フロムが十二歳くらいの時のことです。

二十五歳くらいの彼女は美しくて魅力的でした。一度婚約しましたが、しばらくして婚約を解消し、妻と死別していた父親と一緒に過ごしていました。フロムの記憶によれば、その父親は年老いていて、おもしろくもない、貧相な男でした。そう思ったのは、嫉妬のせいでバイアスがかかっていたからかもしれないとフロムはいっています。フロムはその女性に強く惹《ひ》かれていたのです。

ある日、フロムは衝撃的な知らせを受けました。彼女は父親が亡くなると、一緒に埋葬してほしいという遺書を残し、自ら命を絶ったのです。フロムはそれまで自殺した人を誰も知らなかったので、どうしてこんなことがありうるのか、若くて美しい女性がこんなにも父親を愛し、生きて絵を描く喜びより、父親の側に埋葬されることを選ぶというようなことが、どうしてありうるのかという考えが頭から離れなくなりました。

フロムは画家に嫉妬したのです。フロムは画家に対して恋愛感情を持っていたでしょうが、画家は父親に向けるような関心をフロムには持ってはおらず、当然何の恋愛感情も持っていなかったでしょう。フロムが画家に抱いた感情は一方的なものであり、画家はフロムが自分に恋愛感情を持っていることを知らなかったのでしょう。

この話に出てくるのは、フロムと画家、そして、画家の父親です。フロムは、一方的に画家に好意を抱いていたのに、自分には関心を向けられなかったのでフロムは画家に嫉妬しました。

フロムにとって、画家は掛け替えのない人でした。しかし、父親はフロムにとって脅威ではありましたが、「年老いていて、おもしろくもない、貧相な男」と見なしました。フロムは嫉妬のせいでバイアスがかかっていたといいますが、このように見なければならなかったのは、フロムにとって父親は強力なライバルであってはならなかったからです。

フロムは、自殺した画家の父親は「年老いていて、おもしろくもない、貧相な男」であるといっています。このように、自分の価値を高めようとするのではなく、他者の価値を何らかの仕方で貶《おとし》めることで自分の価値を相対的に高めようとすることをアドラーは、「価値低減傾向」と呼んでいます（『性格の心理学』）。

自分の好きな人が好意を持っている人の価値を貶めようとする時、その人のことをよく知らないことがあります。それにもかかわらず、その人の価値を貶めようとするのです。本当はいい人かもしれないのに、嫉妬の感情が起きた時、あらゆることがよく見えなくなります。

さらにいえば、ライバルは、価値を貶め自分の価値を相対的に高めるために必要なのであり、直接知らない人であってもいいのです。付き合っている人が過去に愛した人を今は何とも思っていないといわれても信じることができなければ、その人を知らなくてもその人の価値を貶めるようなことをいいます。

他者の価値を貶めて自分を高めようとするのは劣等感の裏返しです。自分には価値がないのではないかと思わない人は自分の価値を高める、しかも他者の価値を貶めてそうしようとは思わないでしょう。

フロムは後追い自殺をした画家の話を、人間の行動が非合理であることに強い関心を持つようになるきっかけになった出来事としてあげていますが、フロムにとっては、画家が自分ではなく、父親の後を追ったこと、つまり、自分ではなく父親を選んだことが納得できなかったのかもしれません。なぜ彼女が自分ではなく、「年老いていて、おもしろくもない、貧相な男」である父親を選んだのか。当然自分が選ばれるはずだという自信があったとしたら、その自信は劣等感の裏返しです。しかし、嫉妬する人は、自分は選ばれないかもしれない、選ばれるに値しないと思っています。フロムもそのようであったかもしれません。

画家はフロムと父親のどちらを選ぼうなどとは思いもしなかったでしょうが、嫉妬する人の思いは往々にして非合理で独りよがりのものであることが多いように思います。

第二章

妬みとは何か

欠如に関わる嫉妬

恋愛関係や親子関係での嫉妬とは違う、自分が持っていないものを持っている人、成功した人に対して持つ、「妬み」という方が適切な嫉妬があります。

先に見た恋愛関係や親子関係での嫉妬が「私」「あなた」「ライバル」の三者関係であるのに対して、妬みは「私」と「あなた」の二者関係です。自分が持っていないものを持っている人を見た時にその人を妬んだら、その人がライバルになります。

恋愛、親子関係においては、自分にだけ向けられていた愛情を失うことを恐れ嫉妬するのですが、妬みの場合は、自分は持っていないのです。嫉妬は「喪失」に、妬みは「欠如」に関わるということができます。

そこで、自分が持っていない、才能、幸福、成功、富、美貌を持っている人に劣等感を持っていることは、嫉妬の場合よりもさらに明らかです。

「自分のことを低く評価し、満足しないので、大抵、他の人が自分のことをどう思っているか、他の人が何を達成したかについて絶え間なく比べるという状態に陥る。そして、自分は〔他の人に〕及ばないと感じるだろう。このことは、他の人より多くのものを持っていても起こりうる」（『性格の心理学』）

アドラーが、ここで「自分は〔他の人に〕及ばないと感じる」といっているのが劣等感ですが、ただ比べるだけでは終わりません。ライバルと競争して勝たなければならないのです。

「力と優越性を追求する中で、人は多様な仕方で、妬みという性格に到達する」（『性格の心理学』）

妬みも嫉妬と同様、性格（ライフスタイル）です。冷遇されていると思った子どもが他のきょうだいに優ろうとするように、自分より優れているように見える人を妬む人もその人に優らなければなりません。そう思うのは、その人に及ばないという劣等感を持っているからです。

「人が等身大以上の目標に対して立つ時の距離は、劣等感という形で感じられることが知られている」（前掲書）

劣等感は主観的なものなので、まわりの人が見れば有能な人でも他者と比べて自分が劣っていると感じることがあります。

詩人の尹東柱《ユンドンジュ》について、次のような話が伝えられています（宋友恵《ソンウヘ》『空と風と星の詩人尹東柱評伝』）。尹東柱が中学三年生の時、いとこの宋夢奎《ソンモンギュ》が文芸コンクールに応募し当選しました。いとこの存在は文学的な刺激になったというより、尹東柱の劣等感を強め、優秀ないとこを妬んだのではないかと想像します。

アドラーは、親が「才気煥発《さいきかんぱつ》ないとこ」と自分の子どもを比較することがあるといっています（『子どもの教育』）。子どもはそのようないとこを妬むでしょうが、尹東柱のこのような妬みがはたして勉強や仕事の刺激になるのかはよく考えてみなければなりません。

妬んでいることを認めたくない

妬む人は自分が妬んでいることを他の人に知られるのを恐れるだけでなく、妬んでいることを自分でも認めたくないことがあります。

私は五十歳になって間もなく心筋梗塞《しんきんこうそく》で倒れました。入院していた時、その年の四月から哲学の教授になった友人が私の夢に現れました。

「よかったね、おめでとう」と私がいうと、いつも冷静沈着な彼はこういいました。

「本当は君はそんなことをいうつもりはないのだろうね」

もちろん、現実の彼がそんなことをいうはずはないのですが、夢の中で私は彼にそういわせたのです。

入院する前に、私はその友人から大学に就職が決まったことを知らせる葉書を受け取っていました。それは印刷されたフォーマルなもので、メッセージは添えられていませんでしたが、その葉書にメールアドレスが書いてあったことを思い出しました。私は彼にメールを送ろうと思って、妻に葉書を病院に持ってくるよう頼みました。

メールには就職を祝う言葉を書いた上で、目下入院中であることを書き添えました。救急車で搬送されたが、幸い一命を取り留め、今は心臓リハビリに取り組んでいると書いた後、次のように結びました。

「社会復帰できるまでにどれくらいかかるかはまだわからないのですが、今は仕事のことなど考えないで療養するしかありません。忙しそうな様子ですが、くれぐれも無理されませんように」

こう書いてみたものの、私の頭から仕事のことが離れていないことは明らかでした。若い頃、私は彼と同じ研究室で机を並べて哲学を学んでいました。彼は常勤の職に就くまで粘り強い努力をしましたが、私は研究職とは違う人生を歩み出していました。自分ではそのことを十分納得していたつもりなのに、自分が果たせなかった夢を実現した友人に妬みを感じたのです。

私の思いは屈折《くっせつ》していました。彼の成功を心から祝福できないのに、おめでとうという私の心には嘘があることをわかっていたので、夢の中で私は彼に「本当は君はそんなことをいうつもりはないのだろうね」と語らせたのでしょう。

メールを送ったその夜、すぐに彼から見舞いに行くという返事がきました。夢はその夜見たものです。翌日、彼は見舞いにきてくれました。私のことを心配して多忙であるのに駆けつけてくれた彼を見て、妙なことを考えた自分が恥ずかしくなりました。

私の方が優秀だと思っていたわけではありませんでしたが、本当にそう思っていなかったのかといわれたら、否定できません。彼の就職を手放しで受け入れることができなかったのは、私の方が本当は優秀だと思っていたからかもしれません。

先に見たように、嫉妬する人は劣等感があります。本当に優秀な人は他者と比べたりはしません。自分が本当は優秀でないと感じているので、他者に嫉妬していることを認めたくないのです。

私は他の人を妬んでいることを認めたくありませんでした。私は大学の教員にはならず、在野《ざいや》の研究者として生きることを十分納得していたはずなのに、友人の就職を知った時、このように決断したことは自分が優秀ではないという事実に目を塞《ふさ》ぐためだったのではないかと思ってしまいました。劣等感はまだ残っていたのです。

情動としての妬み

アドラーは、妬む人は「満たされない虚栄心」を持っていると指摘しています（『性格の心理学』）。妬む人は自己評価が低いので、他の人が自分をどう思っているかを気にかけますが、それは自分をよく見せたいからです。実際には劣等感があるのに、それを隠すために虚栄心を持っているのです。

自分がよく思われたいと思っても、どう頑張っても優秀な人に及ばないと感じた時、自分が妬む人に怒りや憎しみを覚えることがあります。自分が持っていないものを他の人が持っていることをうらやましいと思うのであれば実害はありませんが、そのことを不公平だと思った人が、自分が持っていないものを持っている人を妬み、憎むと問題です。

今日《こんにち》問題になっているヘイトスピーチ、ヘイトクライムの「ヘイト」（hate）は「憎しみ」という意味ですが、この憎しみについてアドラーは次のようにいっています。

「憎しみの感情は様々な点を攻撃することができる。人がその前に置かれる課題に向けられるものもあれば、個々の人、国民や階級、異性、さらに人種に向けられる」（『性格の心理学』）

個人間であれば、憎しみは特定の人に向けられます。犯罪者は自分が害する人に対して憎しみを持つでしょう。しかし、それが人種に向けられると、対象は明確ではなく、ナチスによるホロコーストのような悲劇が起こります。犯罪の場合も無差別殺人であれば、憎しみは特定の個人に向けられません。

息もつけないほどのレース

妬む人の人生がどのようなものになるか、妬む人がどんな行動をするかを見てみましょう。

アドラーは、五年間病気で苦しんだ後で受診した二十七歳の女性の症例を引いています（『人はなぜ神経症になるのか』）。

彼女には、非常に賢《かしこ》くて人気があることに加え、彼女よりも美しい姉がいました。彼女は学業では姉よりも優秀でしたが、姉は彼女よりもずっと魅力的で人を惹きつけ、友達もすぐにできました。姉の人生は平穏で快適なものでした。そのことで姉は自信を持ちましたが、妹はこの姉をライバルと見なしました。

「患者の人生は、このライバルに追いつこうとする息もつけないほどのレースのようなものになった」（前掲書）

このケースは、妬みはこの女性と姉の間で起こり、姉がライバルです。その姉が「幸せな結婚」（前掲書）をしました。何をもって幸せな結婚とアドラーがいっているかはわかりませんが、妹は姉の結婚を妬んだでしょうし、姉との競争に勝たなければなりませんでした。

「競争することを性格の特徴とし、優越性を目標にしているような女性は、常に、結婚によって勇気と自信を失う危険がある」（前掲書）

彼女は、姉との競争に勝つためには自分も幸福な結婚をしなければならなかったのですが、両親の結婚が不幸であることもあって、結婚に対して恐怖を募《つの》らせることになりました。

妹は姉が結婚した時に既婚の男性と恋に落ちました。このような関係はそれ自体として最初から独断的に非難されるようなものではないとアドラーはいっているのですが、彼女は自分でもこの恋愛が大いなる困難を伴うものであることを知っていたはずです。それにもかかわらず、あえて既婚の男性を選んだのは、もしも相手が結婚していなければ恋愛は成就するといいたかったからです。関係がうまくいかないとしても、自分自身のせいではない、彼が結婚しているからだと思いたいのであり、そのように思えたら姉のような幸福な結婚ができなくても、姉との競争に負けたことにはならないと考えたのです。

また、姉に勝つためには結婚しないということも選択肢になりえたでしょう。結婚すれば、それが幸福なものになるかどうかは明らかになり、もしも結婚して幸福になれなければ姉との競争に負けることになりますが、そもそも結婚していなければ比較することもできないわけです。

彼女はアドラーにこう語りました。

「結婚しても、夫は二週間もすればきっと私のもとから去ると思います」

彼女が結婚を避けているのは劣等感があるからではないかとアドラーがほのめかしたところ、そんなことはないと答えました。しかし、このようなことを考えるということが、既に彼女が人生の課題に対して「ためらいの態度」（前掲書）を取っており、姉と比べて自分は劣っているという思いが彼女の心を占有していたことがわかります。

妬む人は忙しい

嫉妬する人は忙しいことは先に見ましたが、妬む人も他者の動向を探るために忙しいのです。

「自分のことを低く評価し、満足しないので、大抵、他の人が自分のことをどう思っているか、他の人が何を達成したかについて絶え間なく比べるという状態に陥る」（『性格の心理学』）

とアドラーがいっていることは先に見ました。

知っている人でもないのに、誰かが結婚したとか離婚したとか、そんなことにばかり目を向ける人、新しい流行を追い求める人はただ好奇心があるのではありません。そこに妬みが交じっています。

自分よりも優れているように見える人や業績の価値を貶めようとする人も、業績とは関係のないことまで持ち出して、あら探しをし、揚げ足取りをします。

「嫉妬はつねに多忙である。嫉妬の如《ごと》く多忙で、しかも不生産的な情念の存在を私は知らない」（三木清『人生論ノート』）

アリストテレスは「哲学は驚きから始まる」といいました。この世界について知らないことばかりであることに驚き、この未知のことを知りたいと思うという意味での好奇心は、「自分に留まらないで絶えず外へ出てゆく」ような「好奇心」とは違います。優れた仕事を成し遂げたいのであれば、「外へ出てゆく」時間はないはずです。

負けたと思わないために

妬む人は自分の優位が揺らぐようなことが起きても、他者を妬んでいることを否定し、劣等感を持っていることを認めないですむ解釈をしなければなりません。

私は中学生の時、一度だけ定期試験の成績が学年で一位になったことがありました。いつもは私より成績がいい同級生が一位でしたが、その時は頑張って勉強したからか、私が一位でした。

彼の母親は私の母親に「あの子は試験の日は風邪を引いていた」と話したと母から聞きました。本人がどう思ったかわかりませんが、彼の母親は風邪を引いたから一位を取れなかったと、子どもが決して負けたわけではないと思いたかったのでしょう。

『イソップ寓話《ぐうわ》集』に葡萄《ぶどう》の房に届かなかった狐の話があります。腹をすかせた狐が、支柱から垂れ下がっている葡萄の房を見て取ろうとしたが、届きませんでした。立ち去り際に、狐はこう呟きました。

「まだ熟《う》れてない」

イソップはこの話を次のようにまとめています。

「このように人間の場合でも、力不足で出来ないのに、時のせいにする人がいるものだ」

他の人の成功を見て嫉妬する人は、自分の力不足を認めようとしません。そのような人も、この狐のように自分が願っていた通りにならなかった原因を自分に求めようとはしないで、自分ではどうすることもできないことに求めるでしょう。

先に見た尹東柱も自分が優秀なところに及ばないことを納得しようとしました。

「東柱は『大器は晩成だ』という言葉をよく口にしたが、それは夢奎を意識していう言葉だった」（宋友恵『空と風と星の詩人　尹東柱評伝』）

頑張っても、大器晩成だからすぐに力を発揮できないというのは、「時のせい」にしているともいえます。「晩成」ではなく、自分が夢奎よりも「大器」だという競争意識があったのかもしれません。

アドラーは、「目の前にある課題を解決できないことを表明する人間の態度決定」（'Der Komplexzwang als Teil der Persönlichkeit und der Neurose'）を劣等感と区別して「劣等コンプレックス」といっています。劣等コンプレックスのある人は、課題を解決できない理由を持ち出し、他の人にも、自分自身にもできないことを納得させようとします。「劣等コンプレックスを告白したまさにその瞬間に、生活における困難や状況の原因となっている事情をほのめかす。親か家族のこと、十分教育を受けていないこと、あるいは、何らかの事故、望外《ぼうがい》、抑圧について語るかもしれない」（『個人心理学講義』）

そのような事情があるのなら仕方がないと思えるような理由を持ち出すのです。

アドラーは、今の出来事、あるいは状態について、あることを原因として説明することを「見かけの因果律《いんがりつ》」（semblance of causality, scheinbare Kausalität）と呼んでいます（『生きる意味を求めて』）。なぜ「見かけ」なのかといえば、実際には因果関係がないからです。本来は因果関係がないところに因果関係があるように見せるという意味です。同じ状況にある人が皆同じように課題をできないというわけではありません。

しかも、誰もが納得できない理由を持ち出すこともあります。イソップが語る狐は葡萄の房に届かないのは「まだ熟れてない」からだという説明を聞いて納得できる人はいないかもしれません。負け惜しみでしかないからです。

妬む人の場合、劣等感があることを認めたくないので、ライバルはできるのに自分ができないことがあった時、自分にはどうすることもできないことにできない理由を求めます。風邪を引いたので試験でいい成績が取れなかったというような理由です。

価値を低減する

自分に向けられている、あるいは自分に向けられるべき愛が他の人に向けられていることを知った人が、自分のライバルの価値を貶めるように、自分が持っていないものを持っていたり、自分ができないことを成し遂げたライバルを妬む人が、ライバルの価値を貶めようとすることがあります。ライバルが成し遂げた仕事の一部を論《あげつら》って、間違いでもあろうものなら、仕事全体の価値を貶めるのです。

有能な部下に嫉妬する上司がいます。上司は自分の優位が脅かされ、自分が無能であることを部下に見透かされるのではないかと恐れます。そこで、部下が失敗した時に叱責《しっせき》します。部下の失敗を叱責することに意味はありません。ただ教えればいいだけなのに、感情的に叱責することにはわけがあります。部下の価値を貶めることで、相対的に自分の価値を高めなければならないからです。

今し方した失敗について叱るのならまだしも（それがいいといっているのではありません

が）、いつも何をやらせても失敗するというようなことをいって叱るのはパワハラでしかありません。叱責の内容は仕事に関わることであっても、これはアドラーがいう「支戦場」（『子どもの教育』）で叱責することです。支戦場というのは、本来の仕事の場である本戦場と対比した言葉です。

上司が部下の仕事について指摘しなければならないことは当然あります。その指摘が適切であれば、部下は納得するでしょうが、自分より有能な部下に反論され自分の優位が脅かされることを恐れる上司は、仕事自体ではなく部下の人格を非難して部下の価値を貶めるのです。

妬みは平均化を求める

仕事は結果を出さなければなりません。自分が結果を出せることもあれば、当然、他の人がいい結果を出すこともあります。しかし、他の人がいい結果を出すことを認めたくない人がいます。三木は次のようにいっています。

「嫉妬は、嫉妬される者の位置に自分を高めようとすることなく、むしろ彼を自分の位置に低めようとするのが普通である」（『人生論ノート』）

これはアドラーが、相手の価値を低めることで相対的に自分の価値を高めようとするといっているのと同じです。

「嫉妬がより高いものを目差しているように見えるのは表面上のことである。それは本質的には平均的なものに向かっているのである」（前掲書）

「嫉妬とはすべての人間が神の前においては平等であることを知らぬ者の人間の世界において平均化を求める傾向である」（前掲書）

突出する人を妬み、足を引っ張ろうとするわけです。他の人が手に入れた成功を妬むだけでなく、まして喜んだりはしないで、他の人がそれを失うことを願うこともあります。

『イソップ寓話集』には、次のような話が出てきます。狐が罠《わな》にかかって尻尾《しっぽ》を切り取られました。恥ずかしくて、生きていくのもつらい狐は他の狐にも同じようにさせなければならないと考えました。皆を集めて、「こんなものは不細工なだけでなく、余計な重みをくっつけていることにもなる」といって、尻尾を切るよう勧めました。

どの狐も黙って聞いていたわけではありません。中の一匹がこういいました。

「おいおい、そこの奴、もしそれがお前にとって都合の良いことでないのなら、我々に勧めはしなかったろうよ」

自分よりも優れた人がいれば、その人の価値を貶めて平均化をはかる一方で、この狐が尻尾を失ったように自分の価値が下がったとなると、自分だけがそうなったことを受け入れることができません。他の人も自分と同じでなければ気がすみません。そうなることが「都合の良い」ことなのです。

さらに、他の人を見てうらやましいと思って妬むだけで何もしないばかりか、他の人の邪魔をします。アドラーは、注目の中心でいるために、人の邪魔をするよりも、「人を助ける方がずっと勇気がいる」(『子どものライフスタイル』)といっています。邪魔ばかりして助けようとしない人と共生することはできません。

妬まないこともある

人は誰に対しても妬むわけではありません、三木は次のようにいっています。

「嫉妬は自分より高い地位にある者、自分よりも幸福な状態にある者に対して起る。だがその差異が絶対的でなく、自分も彼のようになり得ると考えられることが必要である。全く異質的でなく、共通なものがなければならぬ」(『人生論ノート』)

「自分より高い地位にある者、自分よりも幸福な状態にある者」に嫉妬するというのはその通りです。職責が自分より上であることは明らかですが、他の人が自分より幸福かどうかはわかりません。ここで三木が「自分よりも幸福な状態にある者」といっているのは、正確には自分よりも幸福な状態にあると思える者ということでしかありません。

地位であれ幸福であれ、差異が絶対的であれば、妬むことはありません。自分とその人との間に何かしら「共通なもの」があり、「自分も彼のようになり得ると考えられること」が必要であるというのは、自分が到底かなわないと思う人は嫉妬の対象にはならないということです。オリンピック選手やノーベル賞学者のように飛び抜けて優れた人、足下にも及ばない人に嫉妬したりはしないでしょう。

反対に、共通のものがあれば、妬みます。

「同じ職業の者が真の友達になることは違った職業の者の間においてよりも遥《はる》かに困難である」（前掲書）

同業者であれば理解し合える反面、業績を比べて競争することになります。違う職業の人であれば妬みの対象にはならず、競争になりませんが、同業者であれば成功を収めた人を妬むことがあります。

その人が世間の称賛《しょうさん》を浴《あ》びるようなことがあれば妬み、その上激しくバッシングをすることもあります。誰を妬むかはあまり問題ではありません。自分が有能であると思われ、自分の価値が高く評価されたいと願っている人は実際に高く評価される実績がないので、自分の価値を相対的に高めるために、成功した人の価値を貶めるのです。

このことはまた妬みが向けられる対象が特定の人ではない、一般的な人であるということを示しています。このことにどんな意味があるかは後で見ます。

第三章

なぜ嫉妬するのか

［嫉妬の問題］

嫉妬の目的

ここまで、二種類の嫉妬——恋愛関係や親子関係に見られる嫉妬と、自分が持っていないものを持っている人に向けられる妬み——について、その起源とそれらが対人関係の中でどんな形で現れるかを見ました。いずれも劣等感が根底にあって、自他共にそれを持っていることを認めたくないことを見てきました。

本章では、それぞれの嫉妬にどんな問題があるかを見ていきますが、誰もが嫉妬するわけではないことから始めて、なぜ嫉妬するのか、なぜ妬むのか、その目的を明らかにしていきます。

なぜ嫉妬することの目的を知らなければならないかといえば、二つの理由があります。まず、嫉妬するのをやめようと思っても、ただそうしないでおこうと決心するだけで、なぜ嫉妬しないことがいいのかということを理解しなければ、すぐにもとに戻ってしまうからです。

ある人が「永遠の生命を得るためにはどうすればいいか」とイエスにたずねました。イエスは「殺してはならない、盗んではならない、姦淫《かんいん》してはならない、偽証《ぎしょう》を立ててはならない、奪い取ってはならない、父と母を敬え」という戒《いまし》めをあげました。「そういうことは皆子どもの時から守ってきました」という人にイエスはいいました。「足りないものが一つある。帰って持っている物を売り払い、貧しい人たちに施《ほどこ》しなさい」（『マルコによる福音書』）

彼の顔は曇り、悲しみながら立ち去りました。大資産家だったからです。イエスは、持っているものを売り払えば永遠の生命を得られるといっているわけではありません。イエスは、この人が永遠の生命を得るために、他の戒めも形として守ってきただけであることを批判したのです。

次に、これからは嫉妬しないで生きていこうと思っても、何のために嫉妬するのか、嫉妬の目的を知り、嫉妬したり妬むことが対人関係や生きることの本来の、あるいは本当の目的には役立たないことを理解しなければならないからです。その目的とは幸福であり、自分の力を活《い》かして他者に貢献することです。対人関係がよくなければ幸福にはなれません。嫉妬する人でも関係を悪くしたいはずはありません。しかし、対人関係をよくするために嫉妬は有用でないことを知らなければなりません。

また、自分を高めたいと思っても、他者を妬んでいては自分の力を伸ばすことはできません。なぜできないかは、なぜ他者を妬むのかが理解できればわかります。

嫉妬は関係を悪くする

先ほど、これからは嫉妬しないで生きていこうと思っても、と書きましたが、嫉妬している人が皆嫉妬しないでおこうと思っているわけではありません。嫉妬を「普通のこと」（アドラー『個人心理学講義』）と見なし、たとえ嫉妬が対人関係を悪くすることを知っていても、なお嫉妬する人がいます。そのような人はこれからは嫉妬しないで生きていこうとは思わないでしょう。

もっとも、嫉妬をやめようとしない人は、それが対人関係を悪くすることを本当は知らないのです。誰も自分のためにならないことはしません。嫉妬すれば相手が自分を最終的には愛してくれるだろうと判断しているから嫉妬するので、嫉妬することが関係をよくするという目的を達成するために有用でないことを本当に知れば、嫉妬しなくなります。

自分が持っていないものを持っている人を妬む人も、妬むことが有用であると思っている限り、妬むのをやめることはできません。

もしも嫉妬することで関係がよくなるのであれば、嫉妬することをためらう人はいないでしょう。しかし、実際には、そうでないことを自分の経験からも他者の経験からも知っているのではないでしょうか。それでも、自分の心に内に湧き上がる嫉妬を抑えることはできず、嫉妬する時、愛する人を憎むことすらする人は、嫉妬するのは愛していればこそだ、誰もが抱く感情だと自分に言い聞かせているように見えます。

嫉妬する人は、嫉妬することが関係を悪くするとは思いたくないのかもしれません。ちょうど、子どもを叱ってばかりいる親が子どもを毎日毎日叱っていても愛していると思いたいように。子どもを叱る親も、嫉妬する人も、どんな関係がいいのか知らないのです。

術策的な嫉妬

嫉妬する人は相手を責めたり、自分の弱さをさらけ出したりしますが、嫉妬する人も愛されたいのです。三木は次のようにいっています。

「愛と嫉妬とはあらゆる情念のうち最も術策《じゅつさく》的である。それらは他の情念に比して遥かに持続的な性質のものであり、従ってそこに理智の術策が入ってくることができる。また逆に理智の術策によってそれらの情念は持続性を増すのである。如何なる情念も愛と嫉妬ほど人間を苦しめない、なぜなら他の情念はそれほど持続的でないから。この苦しみの中からあらゆる術策が生れてくる。しかも愛は嫉妬の混入によって術策的になることが如何に多いか」（『人生論ノート』）

愛は純粋でありうる。その点で嫉妬とは違いますが、どちらも持続的です。愛の場合、「理智の術策」が入ってくるという時、肯定的な意味で使われています。これはフロムが愛は技術（art）であるといっているのと同じです（*The Art of Loving*）。

愛には技術が必要です。しかし、多くの人はそうは考えません。愛はそこに落ちる（fall in love）ものである、従って「理智」とは関係がないと考える人は、愛は対象さえあれば、つまり出会いさえあれば成就すると考えています。実際には、誰かに出会うだけで恋愛が成就するわけではありません。愛に落ちるのは簡単ですが、愛を成就させるには技術（理知の術策）が必要であり、技術を習得するための知識と努力が必要なので、出会いは恋愛の始まりでしかなく、ゴールではありません。

愛に落ちたと思っている二人は、最初のうちは自分たちは相《そう》思《し》相《そう》愛《あい》だと思い、幸せな日々を送れるかもしれません。しかし、やがてどちらかが、あるいは双方が心変わりしたり、すれ違いを感じ始めたりします。そのようなことがあっても、すぐに別れることになりませんが、一度すれ違いを感じると相手の心をつなぎ止めるのは容易なことではありません。その時、必要なのが「術策的な」嫉妬です。

ここで三木がいう術策は自分を愛させようとする駆け引きであり、「理智の術策」とは違います。

「だから術策的な愛によってのほか楽しまない者は、相手に嫉妬を起こさせるような手段を用いる」（前掲書）

嫉妬させるのは、相手をつなぎ止め、愛を持続させるためです。

しかし、嫉妬が混入した愛は純粋なものではありません。振り返れば愛が長く続いたということはありますが、愛はそれ自体では意識的な努力、三木のいう「理智の術策」が必要であり、努力をしなければ長続きしません。愛の関係を長く続けることは目標ではなく努力の結果でしかありません。

結婚する時に永遠の愛を誓う人はいますが、今愛し合っていてもその先二人の関係がどうなるかはわからないので、愛の永遠を誓うというのが本当のところです。

長続きするとしても、習慣的にそうなる愛は純粋とはいえません。三木は憎しみについて、それはほとんどすべて習慣的なものであるといっています。

「憎《にくし》みの習慣性がその自然性を現すとすれば、怒の突発性はその精神性を現している」（前掲書）

持続的であることについて、三木は肯定的ではないことがわかります。愛も「理智の術策」がなく、習慣的、自然的なものであれば、長続きするとしても、惰性的なものになってしまいます。

長続きしないことを予想する人が嫉妬を起こさせることで、いわば愛の延命を図るのですが、嫉妬は心を攪乱《かくらん》し人を不安にさせるだけです。そのような駆け引きをする「術策的な愛」を楽しむ人はいるでしょうが、そのような愛は純粋なものではありません。愛が純粋なものであれば、嫉妬することもなくなります。

想像力を働かせる愛と嫉妬

「嫉妬は平生は『考え』ない人間にも『考え』させる」（前掲書）

嫉妬する人は相手をつなぐための術策を講じるのですが、これは理知の術策、愛の技術とは違って、関係を悪化させることになります。

三木は、愛と嫉妬は想像力を駆り立てるともいっています。

「愛と嫉妬との強さは、それらが烈《はげ》しく想像力を働かせることに基《もとづ》いている。想像力は魔術的なものである。ひとは自分の想像力で作り出したものに対して嫉妬する」（前掲書）

激しく想像力を働かせることが、愛と嫉妬に共通する特徴です。嫉妬する人は「自分の想像力で作り出したもの」に嫉妬するのであり、先にアドラーの引いている事例で見たように、事実ではないこともあります。愛されていないのではないかと疑う人は、愛されていないと確信する根拠となるようなことを想像力で思い描くのです。

二人の関係がよいと確信している人は嫉妬するはずはないのですが、少しでも今の関係がこの先続くのだろうかというようなことを考え始めると、相手の言動の中に嫉妬する何かを探し出します。厳密にいえば、想像力を激しく働かせることは愛と嫉妬に共通しているというより、想像力を働かせなければならない状況は、もはや相手を愛しているとはいえませんが、嫉妬する人はなお相手を愛していると思います。

愛と嫉妬の関係

三木は、愛と嫉妬の関係について、次のようにいっています。

「嫉妬において想像力が働くのはその中に混入している何等《なんら》かの愛に依《よ》ってである」（前掲書）

嫉妬が想像力を働かせるのは愛によると三木はいいます。今自分が愛している人は何をしているだろうと想像するということはたしかにあります。しかし、はたして自分は愛されているのだろうかという疑いが起きると、相手への健全な関心ではなくなります。

「嫉妬の底に愛がなく、愛のうちに悪魔がいないと、誰が知ろうか」（前掲書）

嫉妬している人でも愛しているのですが、その愛には悪魔である嫉妬が潜《ひそ》んでいる。こう考えると、愛と嫉妬は見分け難いものになりますが、愛に嫉妬が潜んでいるのであって、愛と嫉妬は別物です。嫉妬は悪魔であり、「悪魔に最もふさわしい属性」としての嫉妬と愛とは区別されなければなりません。

愛は嫉妬から切り離されたら「純粋」であることができます。しかし、悪魔である嫉妬が潜む愛は術策的になり、想像力が働くと人を苦しめることになります。

嫉妬する人は自分が愛されていないのではないかと疑うのですが、想像力は愛されていないことを確信させる証拠を見つけ出します。先のところでは、愛に嫉妬が混入すると術策的になると三木はいっていますが、ここでは嫉妬に愛が混入すると、想像力が働くといっています。

嫉妬する人は、自分は愛されていないのではないかと想像するのです。そして、それを裏付ける証拠を想像します。そのように想像力を働かせると、愛されていない証拠はいくらでも見つかります。

なぜ嫉妬をやめられないか

愛が消えても、嫉妬は持続します。もっとも、嫉妬する人は愛が消えたとは思わないでしょうが。

愛しているから嫉妬すると思っている人でも、関係が悪くなっている、少なくとも、つき合い始めた頃との関係とは違っていることに気づくと不安になります。しかし、嫉妬する以外に相手を引き止める方法を知らない人は、いよいよ嫉妬します。

嫉妬する人は先に見たように相手を常に見張っているので、相手の思いが変わったと見える兆候があればすぐに気づきます。それでも、相手の自由に制限を課し、自分の期待する行動をしなかった時に相手を責める以外にどうすればいいかわからないので、関係はいよいよ悪くなっていきます。

愛が想像力を働かせるというのは、相手の心持ちを推《お》し量《はか》るということでもありますが、関係が悪くなった時には、相手がもはや自分を愛してはおらず、別の人を愛しているのではないかと考え、そのようなことを示す証拠はないか、そして相手が今自分を愛しているだろうかと想像するという意味でもあります。

そのような想像力を働かせる時、もはや愛は存在しないといわなければなりません。それにもかかわらず、嫉妬は愛の感情につきまとってきます。三木は次のようにいっています。

「かようにして嫉妬は、愛と相反する性質のものとして、人間的な愛に何か補わねばならぬものがあるかの如く、絶えずその中に干渉してくるのである」（前掲書）

愛が純粋なものであるためには、また、それが人間的なものであるためには、嫉妬の干渉を撥《は》ねつけなければなりません。人間的な愛に補わなければならないものはないのです。

不安を作り出す好奇心

嫉妬する人が好きな人の動向を絶えず探り知ろうとするのは、一種の好奇心ではありますが、純粋に相手のことを知りたいのではありません。そうすることには目的がありません。

三木は次のようにいっています。

「好奇心はテロスなき運動である。それは何処《どこ》にもいて何処にもいない。好奇心は宿無しである」（『哲学的人間学』）

「テロス」は「目的」という意味です。好奇心は何かについて知りたいというテロスはありません。

「それが求めているのは物に就いての知識ではなく、却《かえ》って我々自身を散じさせることである。好奇心は絶えず珍しいものを追うて不安である。然《しか》るに物に就いての『不安な好奇心』のうちには我々自身の不安が隠されている」（前掲書）

不安を作り出すことが嫉妬における好奇心のテロスであるともいえます。相手を知ることができない不安の中にい続ける限り、恋愛は成就することはありません。嫉妬する人は恋愛の成就を望んでいないのかもしれません。

関係を破綻させるための嫉妬

誰かと付き合いはじめたらすぐにライバルの出現を予想する人がいます。そんな兆候がなくても、今はいい関係であってもライバルが出現するのではないかと思って、見張っているとライバルは現れます。実際に現れなくても、相手の態度が変わると、ライバルが現れたに違いないと思ってしまうのです。

今日は家で締切の仕事があるから帰ってほしいと、付き合っている人からいわれた人がいました。仕事をするには集中しなければならないのでそういっただけなのに、帰ってほしいといわれて動揺した彼女は、きっと好きな人ができたのだろうと思って彼を責めました。彼は、思いがけない彼女の言葉に驚きましたが、早く仕事に取りかからなければならないので、面倒くさくなり、その通りだと答えました。

思うに関係がよければ、仕事の締切が迫っていても帰ってほしいとはいわなかったでしょうし、彼女の方もそういわれたからといって、彼女ができたのではと邪推《じゃすい》することはなかったでしょう。こうして、数分で二人は破局を迎えることになりました。もちろん、実際にライバルがいたわけではありませんが、嫉妬はライバルを作り出すことがあります。

ライバルを見つけようと思ったらすぐに見つかりますし、実際にライバルがいなくてもいいのです。哲学者の串田孫一《くしだまごいち》は「競争者」という言葉を使い、次のようにいっています。

「たとえば恋愛の際に、競争者があり、それを知ると嫉妬をおこすというように考えられますが、逆に、嫉妬という感情を恋愛と一緒に持っていて、それがあるために競争者のいることに気づき、又《また》実際にはそうでない人間をも競争者と見做《みな》してしまったり、又わざわざそれを作り出したりします」（『ものの考え方』）

競争者は作り出されるのです。串田はなぜそんなことをするのかについては何もいっていませんが、競争者を作り出し嫉妬することには目的があります。

ライバルが実際にいるか、その存在を仮定することで、相手を責め、そうすることで相手よりも優位に立とうとすることです。ライバルがいる、あるいは、いるのではないかと責められた人は、実際にそのような人がいれば言い返すことができません。

先に見たように、嫉妬する人は劣等感があります。自信があれば、自分の好きな人が他の人を好きになるだろうとは思わないでしょうが、自信がない人は嫉妬します。

自分が好きな人が自分ではない他の人が好きであることがわかった時に、力ずくで関心を自分に向けさせ、自分を愛させようとします。そのための手段が嫉妬です。そのような人が嫉妬するのは、相手が他の人に気持ちを移したり、去っていったりした時に、やはりこの私――自分でも自分を好きになれない私――は愛されないのだ、自分には愛される価値がないと思うのです。

しかし、そんなことを認めたくはないので、失恋した時のショックを軽減するために、その前に相手を責め優位に立つために嫉妬します。関係が破綻《はたん》することを願っているわけではなく愛されたいと願っているはずですが、自分が愛される価値がないために失恋したとは認めたくはありません。

そこで、ライバルの存在を二人の関係がうまくいかないことの理由にするのです。現実の、あるいは、架空のライバルの存在が二人の関係を破綻させたと思う方が気は楽です。二人の関係が破綻したことの責任を相手に押しつけたいのです。そのようなライバルの存在が、二人の関係を悪くしたのであって、自分に問題があったのではないと考えることができるからです。

しかし、そう考えることは、自分が相手との関係をよくする努力をしてこなかったという責任から目を逸らさせることになります。もしもライバルがいなければ二人の関係はうまくいったはずだと思い、可能性の中に生きているのです。実際には、そのような人がいなくても、関係は行き詰まっていたでしょうが、現実であれ仮想であれ、ライバルの存在は二人の関係に緊張感と危機感をもたらしますが、残念ながら、二人が自分たちの関係のあり方を再考し仲良くなることはなく、別れるきっかけになります。

そう考えると、ライバルの存在を問題にする人は関係の改善を望んではおらず、むしろ、別れるためにライバルを必要としているようにすら見えます。関係が破綻することを望んでいるはずはないのに、嫉妬する人は関係を破綻させ、しかもそうなった時のショックを和《やわ》らげるために嫉妬していることになります。愛されるという目的を達成するための手段の選択を誤ったといえます。

愛されるための手段の選択を誤る

嫉妬する人も当然愛されたいのですが、問題は、嫉妬しても愛されないことです。愛されたいと思ってしていることが、関係を悪くし相手の心を自分から遠ざけることになるとすれば、嫉妬の術策は愛されるという目的を達成する手段としては適切ではないことになります。

嫉妬する、また嫉妬されることは愛し合っていれば当然のことだと思い、嫉妬されることを相手から愛されていることの証のように思う人もいます。しかし、嫉妬によって関係が悪くなるのであれば、愛されたいという目的を達成する手段の選択を誤っているのです。関係がうまくいかなくなることがわかっていても、嫉妬することしか知らなければ、しかもそれが愛すること（実際には愛されること）であると思っていれば、相手が替わっても同じことをするでしょう。

嫉妬する人は協力しない

今、嫉妬する人は愛されるという目的を達成するための手段の選択を誤ったと書きましたが、嫉妬する人は愛したいのではなく、愛されたいのです。

問題は二つあります。まず、嫉妬することでは愛されないということです。嫉妬したら愛されるようになったという人はいるでしょうが、嫉妬した結果、愛されなくなったという経験をした人、また自分で経験しなくても、そういう話を聞いたことのある人は多いのではないかと思います。

それでも、嫉妬するのをやめないのは、愛し方を知らないからです。嫉妬することが二人の関係を悪化させるとは知っていても、自信がないので、普通にしていたら愛されないと思い、せめて注目されようと、嫉妬して相手を責め支配しようとすれば、いよいよ関係が悪くなり、愛されなくなります。

次に、嫉妬する人は協力を知らないことです。愛されたい人は、相手のために何ができるかを考えないのです。

例えば、仕事の都合でしばらくの間離れて暮らさなければならなくなった時に、それが相手の仕事に必要であれば、離れて暮らして協力することを選ぶでしょう。協力するためには我慢することが必要だといっているのではありません。相手の方もこれは仕事だから仕方がないと協力を強いることがあれば、関係は悪くなります。自分たちを取り巻く状況が変わり、その状況を変えるのが難しい時には、一方だけでなく、二人が何ができるかを考えなければなりません。

アドラーは「嫉妬は協力とは反対のものである」（*Adler Speaks*）といっています。嫉妬する人は自分が被《こうむ》るかもしれない不便が起きることを恐れて、相手に協力しようとはしないのです。

嫉妬が協力とは反対のものであるのは、愛が協力することだからです。フロムは愛の要素の一つとして「尊敬」をあげています（*The Art of Living*）。尊敬（respect）は、その語源（respicere＝見る）からわかるように、相手をありのままに見ること、その独自の個性を知る能力です。ありのままに、相手のために、相手のやり方で成長、発展するよう願い気遣うという意味です。それゆえ、たとえ相手が自分の望まない生き方を選ぼうとしても、それがその人を伸ばすことに資《し》するのであれば、協力できなければなりません。

一般的な人しか見ていない

フロムは、尊敬は「独自の個性を知る能力である」といっていますが、他者を個性と見ていないことはあります。しかし、おそらく、自分でもそのことに気づいていません。

哲学者の森有正《もりありまさ》が、初めて女性に郷愁《きょうしゅう》に似た思いと憧れ、そして、微《かす》かな欲望を感じた頃のことを書いています（『バビロンの流れのほとりにて』）。実際には、森はその憧れた女性とは一言も言葉を交《か》わしていません。何ら言葉を交わすことなく、夏が終わり、彼女は去ってしまいます。

恋愛関係においては、憧れていても、直接の関わりがなければ、嫉妬することもありませんが、妬みの場合は、知らない人であっても妬むことがあります。

直接の関わりがないというのは、言葉をかけたことがないという意味です。哲学者の波《は》多野精一《たのせいいち》が「人格」の成立について、次のように説明しています。窓に寄りかかって道行く人の姿を眺めている時に、目に映る人は「人」とは呼ばれていても、厳密には「人」ではなく「もの」です。「もの」というのはもちろん物体という意味ではありません。

道を歩いている人のうちの一人が自分の友人であることがわかったので、声をかけたら振り向きました。

「かれはわが友であった。談話は交わされる。かれの姿はもはや単に観られる客体では無くなった。それは今や、互に語りあう所の、互に実践的関係に立つ所の、行為する所の、主体の表現である。『人格』が成立したのである」（『宗教哲学』）

人格は個性を持った個人、他ならぬこの人という意味です。森が憧れ、しかし一言も言葉を交わさなかったのであれば、その人は一般的な人、他ならぬその人ではなかったのです。

他者は所有物（もの）ではない

相手の個性を見ないで一般的な人と見るのは、恋愛関係においても見られます。さらに相手を「もの」、即ち自分の所有物と見なす人もいます。

「俺の彼女」「私の彼」というような言い方をする人は、窓から眺めている人とは違って言葉も交わしていますし、たしかに誰でもない一般的な人ではありませんが、他者に所有格をつけるのは、他者を自分のものとして所属させ、さらにいえば支配しようとしているからです。

人をもののように所有することはできません。親が「私の子ども」という時も同じです。幼い子どもが「あなたは誰の子どもか」とたずねられて、しばらく考えた後「お母さんかな」と答えているのをテレビの番組で見たことがありますが、子どもは親のものではありません。

他者を自分のもとに引き止めようとする人は、他者を所有しようとする、つまり、私のものにしようとします。それどころか、いつも所持しようとするかもしれません。

嫉妬する人は他者を自分のもとに引き止め、さらに、そうすることで支配したいのです。アドラーは次のようにいっています。

「嫉妬は人が他者を所有物として扱う時に生じる。嫉妬する理由はある。それは他者を支配する傾向である」(*Adler Speaks*)

他者を所有したいと思っている人が必ずしも嫉妬するとは限りませんが、嫉妬している人は、相手を所有したいと思っています。自分から離れていくかもしれない人をつなぎ止めなければならないからです。

さらにいえば、所持したいと願っています。私は今原稿を書いていますが、腕時計をはめています。長く書き続けていると、時計が重く感じられることがあって、時計を腕から外し机の上に置きます。時計を外したら私はもはや時計を「所持」していませんが、「所有」しています。所持していなくても、つまり腕にはめていなくても、依然として私の時計だからです。実際にはめてなくても、その時計は私のものです。嫉妬する人は所有するばかりか、絶え間なく監視して、所持したいとまで思うかもしれません。

他者を「持つ」ことはできない

しかし、他者を所有することも所持することもできません。フロムは人間が生きていく上での二つの存在様式を「ある」ことと「持つ」ことに分けています（*To Have or To Be?*）。

花が咲いているのを見た時に、それを「持つ」ことを願う人は、花を見るだけでは満足できず、根こそぎ摘《つ》んで手に持とうとするかもしれません。フロムは松尾芭蕉《まつおばしょう》の俳句を引いています。

「よく見れば　なずな花咲く　垣根かな」

芭蕉は花を見てもそれを摘みたいとは思いません。触れようともしません。ただ、ながめ「ある」のを見るだけです。

愛する人が少しでも自分の目の届かないところに行けば、自分の力が及ばないと思ってしまう人がいます。人はもののように持つことはできませんが、他者をものであるかのように自分の手の届くところに置くように、支配しようとします。

フロムが、ネクロフィリア（necrophilia）的な性格について論じています。ネクロフィリアは死体愛という意味ですが、この性格の人は生きているものだけでなく、それ以上に死んでいるものに惹かれます。この言葉の元の意味から、凶悪な殺人者を思い浮かべ、自分とは無縁だと思うでしょうが、他者との関係の仕方としてそれほど特異なものではありません。先に見た人をものと見なし、支配しようとする人は、フロムのいうネクロフィリア的な人といえます。

「ネクロフィリア的な人は成長しないもの、機械的なもののすべてを愛する。ネクロフィリア的な人は有機的なものを無機的なものへ変え、生きた人間がすべて『もの』であるかのように、生命に機械的に近づきたいという欲求に駆られる。あらゆる生命の過程、感情、思考がものに変えられる。経験よりも記憶が、『ある』ことよりも『持つ』ことが重要である」（*The Heart of Man*）

このような人はなぜ「持つ」ことを望むのか。フロムは次のようにいっています。

「ネクロフィリア的な人が対象――花であれ人であれ――に関われるのは、それを所有している時だけである。そのため、所有物への脅威は自分自身への脅威になる。もしも所有物を失えば、世界との接触を失う。だから、次のような逆説的な反応を見せることになる。つまり、ネクロフィリア的な人は所有物を失うよりは、むしろ生命を失うことを選ぶだろう。たとえ生命を失うことで、所有者として存在するのをやめることになるとしても」（前掲書）

現実に生命を奪うことはなくても、嫉妬する人は他者をものと見なし、所有、支配したいのです。先に永遠の生命を得るためには、全財産を捨てるようにとイエスが勧めていることに触れましたが、イエスは決して文字通り財産を捨てることを勧めているわけではありません。フロムの言葉を使えば、「持つ」ことから「ある」ことへと生き方を変える必要があるとイエスはいっているのです。

嫉妬は貪欲である

フロムは搾取的な性格を持つ人について、そのような人は自分では何も生み出すことはなく、ほしい「もの」を他者から力ずくで奪い取ろうとするといっています（*Man for Himself*）。

誰かから奪い取ることでしか人を好きにならない人は、他の人のものだから惹かれるのです。そのような人は、誰のものでもない人と恋に落ちることはありません。自分の愛する人が他の人に関心を移すのではないかと恐れ、その兆候が見えた時には嫉妬するのとは違って、嫉妬を相手を奪い取るために必要なエネルギーにします。

フロムは、嫉妬は非合理的な感情であり、貪欲（greed）であると考えています。貪欲な人はどれほど所有しても満たされることはありません。フロムは嫉妬深い人と所有欲を持った人を並べています。そのような人の欲望は、一時的に満たされても、消えることはありません。

どうしても手に入れたいものがあるという時、それが難なく手に入るようであれば、そもそもほしいと思いません。ようやく手に入れても、手に入れることだけが重要だった人は手に入れた途端、興味を失ってしまいます。

貪欲によって駆り立てられた行動は自由でも合理的でもなく、「人間としての関心」（前掲書）に対立します。これまで使った言葉でいえば、他者を人格や個性としては見ていないということです。

思いを引き止めることはできない

自分を愛させることができると思う人がいますが、強制はできません。たとえ、最初は愛し合っていても、関係をよくする努力をしなければ、二人の思いが同じであり続けることはないので、愛に落ちるだけではよい関係を築くことはできません。

何とかして相手の思いを引き止めたいと思っても、相手はものではなく、自由意思を持った人間なので、そうすることはできません。それでも、相手の思いがいつまでも自分にだけ向くように、嫉妬する人は相手の自由を制限してまで支配しようとします。

相手の思いを自分に向けようとする人や、離れていこうとしているのに相手の思いを引き止めようとする人は、相手をものと見なしているのです。ものであれば、動かすことはできますが、思いを自分の都合で変えることはできません。

嫉妬する人は、相手の思いが同じままであり続けることがないことを知っているからこそ、いつまでも愛され続けたいと願うのですが、今は愛し合っていても、二人の思いがいつまでも変わらないことはありません。永遠の愛を誓う人も、二人の思いが未来永劫《えいごう》変わらないと信じているというより、変わりうることを知っているのです。

そこで、少しでも相手の思いが変わる兆候が見えれば、相手の思いを何とかして引き止めようとします。思いが変わることを望む人はいないでしょうが、思いは変わるものです。それは、相手だけでなく自分も同じはずです。

愛は永遠に変わることはないと思っている人も、出会いさえあれば恋愛は成就すると思っている人と同じで、会ってすぐに相手を好きになり、その思いがずっと続くことを願うでしょうが、実際にはそのようなことがないのは、愛は対人関係の問題だからです。ある日突然、誰かを好きになったり、嫌いになったりするのではありません。いい関係であれば、相手のことが好きだと思えますし、反対に関係が悪くなれば、相手が好きではなくなるというのが本当です。愛しているだけでは、十分ではありません。好きになるだけで恋愛が成就するのであれば、嫉妬するようなことにもならないはずです。

思いは変わっていくと書きましたが、変わっていくからといって関係が必ず悪くなると決まっているわけではありません。よくなることもあるはずです。しかし、相手の気持ちが離れていくに違いないと思っていれば、その兆候を見つけることができます。

嫉妬する人も、相手の思いが離れていくのではないかと恐れる時に、相手を引き止めるために嫉妬するのですが、嫉妬しないように努めるというよりは、関係をよくすることだけを考え、そのための努力をすれば、嫉妬する必要はなくなります。

知り合ったばかりの頃は片時も相手のことが忘れられず、絶え間なくメッセージを送り頻繁に連絡を取り合っていても、次第に連絡が間遠《まどお》になります。しかし、これは関心が薄れたということではなく、そんなことをしなくても、相手と結びついていると思えるようになるからです。保育園や幼稚園に入った頃は朝、親と別れる時に大泣きをした子どもも、すぐに機嫌よく親から離れられるようになります。それは親が必ず迎えにきてくれると信頼できるようになるからです。不断に連絡を取らなければ不安でたまらない人は、自立できていない子どものようです。

子どもも大きくなれば、親から離れていきます。自力では何もできなかった子どももいつかは親から自立しなければなりません。親を嫌いになったり親に反抗するようになったりするということがなくても、子どもの親への思いは変わります。親の思いも変わります。親子の関係が変わったということです。

自由が招く危機

嫉妬し相手の自由を制限すると、相手は束縛を嫌い、離れていくことになります。メールにはすぐに返事をするというようなルールを決めた人は、メールがあまりこなくなると、相手は仕事が忙しいからだと思わず、自分に関心がなくなったからだと思ってしまいます。

相手に不信感を持ったけれども、相手の行動を監視したら、疑う必要はなかったのが明らかになるというようなことは実際にはありません。なぜなら、一度相手に不信感を持つと、相手の行動のすべてが、自分から離れていくかもしれないという不信感を確信に変えるような言動に映ってしまうからです。

ルールを課し、相手の自由を奪おうとするのにはわけがあります。嫉妬されなければ愛されていると思えない人のことを先に見ましたが、嫉妬する人によって自由を奪われたら、愛されていると思えるかが問題です。むしろ、相手に信頼され、自由でいられる時、愛されていると感じるのです。今日は職場の飲み会があるといえば、たちまち相手が、いつどこで誰と飲むのかとたずねてくると縛られていると感じます。

森有正が次のようにいっています。

「愛は自由を求めるが、自由は必然的にその危機を深める」（『砂漠に向かって』）

縛られないで自由になると、他の人に関心を移すことがありうるからです。

「テネシーワルツ」という歌があります。恋人とテネシーワルツに合わせて踊っていた時に、たまたま会った旧友に彼を紹介しました。二人がダンスを踊っている間に、その友人が自分の恋人を私から奪ったという歌です。

そのようなことが起こりうると思った人は、相手から自由を奪います。いつどこで何をしているかがわかれば、決して自分のもとから離れていくことはないと思うのですが、そんなふうに相手を縛ろうとすると、相手は離れていくかもしれません。

さりとて、相手が自由でいたら、それによって愛されていると感じる一方で、自由が二人の関係を危機に陥らせることもありえます。実のところ、相手を拘束するか自由にするかが二人の関係を決めるわけではありません。不信感を持っていれば、相手から自由を奪ったところで関係はよくなりません。まして、不信感を持っていて、その上、相手を自由にしていたら、相手は離れていくでしょう。

第四章

なぜ妬むのか

[妬みの問題]

有用な妬みはあるのか

次に、妬みにどんな問題があるか見ていきます。最初に見たように、アドラーは妬みについてはある程度許容し、次のようにいっています。

「われわれの性格の中には、ある程度妬みの気持ちがある」(『個人心理学講義』)

「何らかの形で妬みを感じないでいられる人はほとんどいないだろう。妬みから自由な人は誰もいないことを認めなければならない」(『性格の心理学』)

「わずかであれば害を及ぼすことはなく、ごく普通のことである」(『個人心理学講義』)

しかし、アドラーは妬みは有用なものでなければならず、そのためには、「妬みによって、仕事をし、前に進んで行き、問題に直面できるようにならなければならない」(前掲書)

といっています。

自分よりも絵が上手だと思う人を見た時、自分はとてもあんな絵は描けないとただ妬むのでなく、その絵を模倣《もほう》することから始め、上手に描けるように何度も描く努力をすることもできるはずです。そうであれば、妬みは無益なものではないというのです。

「それゆえ、われわれが皆持っているわずかな妬みは、大目に見るべきである」(前掲書)

しかし、本当に有用な妬みなどあるのでしょうか。アドラーは、妬みは「自分は及ばないという偽装された、満たされない虚栄心」（前掲書）であり、「どんな人にも、たとえ痕跡だけだとしても虚栄心はある」（前掲書）といっています。しかし、妬みがわずかであれば「普通」のことであるとまでいっていいのでしょうか。わずかであれば害を及ぼすことはないというのは、わずかでなければ害を及ぼすということであり、どこまでがわずかで、どこからがわずかではないかという線を引くのは難しいでしょう。

アドラーは、また「仕事をし、前に進んで行き、問題に直面できる」ようになる有用な妬みがあると考えています。妬みの感情があまりに一般的で除外できないため、妬みの有用な面を認めようとするのですが、妬まなくても仕事をし、問題に直面できます。有用な仕事をする人が皆、わずかであったとしても誰かを妬んでいるわけではありません。

さらに、妬みを感じないでいられる人はほとんどいないから、妬みから自由な人は誰もいないということにはならないでしょう。

「妬みの感情を除外できないのであれば、少なくとも、全体に有用であるように努力をし、あまり精神生活の障害にならず実りのあるものになりうる道をそれに開くことを試みる努力をしなければならない」（『性格の心理学』）

アドラーはこういうのですが、妬みの感情を除外できないことを前提に考えるのではなく、誰も妬まないで全体に有用な努力をすることができるのであれば、妬みを認める必要はないはずです。

一般的なものを妬む

三木は次のようにいっています。

「嫉妬は性質的なものの上に働くのでなく、量的なものの上に働くのである。特殊的なもの、個性的なものは、嫉妬の対象とはならぬ。嫉妬は他を個性として認めること、自分を個性として理解することを知らない。一般的なものに関してひとは嫉妬するのである」
(『人生論ノート』)

「特殊的なもの、個性的なものは、嫉妬の対象とはならぬ」というのは、成功という一般的なものを妬んでも、例えば、大企業の次期社長と目されていた人が社長になるのを断って家具職人になるというような話を聞いた時、その決断に驚くとしても、妬んだりはしないということです。ただ、なぜそのような決断をしたのかは理解できません。

ここで三木が、個性は量的に比較できないので嫉妬の対象にならず、嫉妬は「量的なもの」「一般的なもの」に対して働き、特殊なものや個性的なものは嫉妬の対象にならないといっていることは、成功と幸福の違いについて、同じ『人生論ノート』の中で語っていることと符合しています。

三木は、幸福が「各人のもの、人格的な、性質的なもの」であるのに対し、成功は「一般的なもの、量的に考えられ得るもの」であり、純粋な幸福は、「各人においてオリジナルなもの」だが、近代の成功主義者は、「型としては明瞭であるが個性ではない」といっています。

嫉妬は「量的なもの」「一般的なもの」に対して働き、特殊なものや個性的なものは対象にはなりません。幸福はオリジナルなものなので、模倣も嫉妬もできないのです。

人生で大切なことは成功ではなく幸福であることを知っている人は、成功を目指して生きるのを断念すれば経済的に苦労することがわかっていても、幸福な人生をためらうことなく選ぶでしょうが、そのような生き方を理解できる人は少ないので、妬まれることもないのです。

妬む人は個性を見ない

妬みの対象が一般的であって特殊的、個性的でないことにかてて加えて、妬む人は「他を個性として認めていない」と三木がいっていることにも注目しなければなりません。

個性を見ない人は何を見るかといえば、「属性」です。属性というのは、例えば、「あの人は美しい」という時の「美しさ」です。しかし、これは文字通り、人に「属するもの」であって、人自身ではありません。それは帽子のようなもので、帽子を脱いだからといって、他の人になるわけではありません。

妬む人は、相手の個性を見ないで他者を一般的で量的な属性で捉え、その価値を貶めようとします。そうすることで、自分の価値を相対的に高めようとします。その際、それが誰であってもいいのです。妬む人は、誰でも持ちうる一般的な属性だけを見て、妬む相手を個人として見ていないのです。

「理解する」はフランス語では comprendre といいますが、これは「包む」という意味です。他者に一般的な属性を当てはめようとしても、包めないところがあります。それが個性ですが、他ならぬその人自身の特性である個性をも見なければ、他者を個人として見ることにはなりません。

三木は自分に関してなされた多くの判断、例えば、利口な男だ、向こう見ずだ、伸び伸びと素直に育っているなどについて、「どれが正しく、どれが誤っているか、いずれがお世辞であっていずれが正直な批評であるかを区別することが出来ない」（『語られざる哲学』）、どれもが正しいようであり、誤っているように思えるといっています。

先の言葉でいえば、属性は見ていても、個性はそのどれとも違うということがわかります。どうしたら個性を理解できるのか、また、ここで三木が「自分を個性として理解することを知らない」といっていることがどういう意味なのかは後で見ます。

妬む人は他者を量的な属性で見る

人をものと見ている人は、量的な属性で人を見ることがあります。先に三木の「すべての人間が神の前においては平等である」という言葉を引きましたが、これはすべての人間は個性として平等であり、量的な属性の違いは、神の前では問題にならないということです。

新約聖書の『マタイによる福音書』には、葡萄園の労働者の喩《たと》えが出てきます。イエスは、一日中働いた人にも夕方一時間しか働かなかった人にも同じ賃金を払った雇用主の話を語ります。朝から働いたのに、一時間しか働かなかった人と同じ賃金しかもらえなかった人は当然、不平をいいました。丸一日、暑い中辛抱して働いたのに同じ扱いにするのか、と。

この喩え話は、神は量的な属性の違い（多く働き成功を収めたというようなこと）では人間の価値を測らないということを意味しています。神だけでなく、人も他者を見る時に、量的な属性で見なくてもいいのです。

「嫉妬がより高いものを目差しているように見えるのは表面上のことである。それは本質的には平均的なものに向かっているのである」（三木清『人生論ノート』）

このような一般的な属性、また量的な属性は比べることができます。嫉妬は平均的なものに向かうというのは、皆が同じである、量的に同じであることを願うという意味です。そこで、誰かが他の人よりも抜きん出ていれば、その人を嫉妬することになります。嫉妬する人が他者を平均化しようとするのは、自分も他者と同じでありたいと願っているのであり、実は他者と違っていることを望んでいないのです。

競争は正常ではない

妬みの一番の問題は、他者と自分を比べ、他者と競争することから起きます。教育の場面で他者と競争させることはよくあります。仕事でも上司は部下を競争させます。ライバルがいれば、勉強や仕事に励むだろうと考えて競争させるのですが、子どもの頃から競争するのが当然と思って育ってきた人には、競争はあまりに当たり前なので、競争の問題が見えていないのかもしれません。

競争はどこにでも見られるからといって、正常ではありません。試験を受ければ結果が出て評価されます。しかし、人が有能であるかは試験が必ず明らかにするとは限りません。結果さえ出せばいいと思うのは間違いですし、他者を蹴落として自分だけが成功すればいいというものでもありません。

ライバルを想定して仕事をすることが健全かといえば、そうとはいえないでしょう。競争する人にとっては、優れた仕事を成し遂げるよりは、他者との競争に勝つことの方が重要だからです。そうなると、結果さえ出せればいいと考える人も出てきます。

ライバルを想定するといっても、勝てないとわかっていたらライバルと見なすことはありません。あまりに力がかけ離れていると、妬むこともありません。しかし、勝てそうになければ仕事をしないというのも、勝つために仕事をするというのもおかしいです。仕事は勝ち負けではないからです。そのような競争もしないで、どう頑張っても勝てないと思った人は、自分よりも優れた人をいじめたり、妨害をしたりすることもあります。

負けている、あるいは劣っていると思って仕事に力を入れるというのは健全ではありませんし、勝っていると思っていても、いつ何時《なんどき》負けるかもしれないと思って気を緩《ゆる》めることができないのも、精神的にはつらいものがあります。

競争するのは他者と比べるからであり、妬むのは他者との競争に勝てないと思うからです。三木は嫉妬は功名心《こうみょうしん》や競争心とも違うといっています。

「功名心や競争心はしばしば嫉妬と間違えられる。しかし両者の差異は明瞭である。先ず功名心や競争心は公共的な場所を知っているに反し、嫉妬はそれを知らない。嫉妬はすべての公事を私事と解して考える。嫉妬が功名心や競争心に転化されることは、その逆の場合よりも遥かに困難である」（『人生論ノート』）

三木は前の段落では次のようにいっています。

「英雄は嫉妬的でないという言葉がもしほんとであるとしたら、彼等においては功名心とか競争心とかいう他の情念が嫉妬よりも強く、そして重要なことは、一層持続的な力にな

っているということである」（前掲書）

「一つの情念は知性に依ってよりも他の情念に依って一層よく制するということができるというのは、一般的な真理である」（前掲書）

英雄が嫉妬しないのは、功名心や競争心が嫉妬よりも強く、より持続するので、嫉妬を制することができると三木はいいます。しかし、功名心や競争心が「公共的な場所」を知っていれば、妬みを抑えることは可能かもしれませんが、功名心や競争心も他者と比べることが前提である以上、むしろ嫉妬を助長すると私は考えています。

ここで三木が「嫉妬はすべての公事を私事と解して考える」といっているのは、自分が代表に選ばれなかったとか自分ではなく他の人が昇進したというような時、実際は力が足らなかっただけなのに、何かプライベートな思わく、例えば、えこひいきが裏にあるのではないかと思うようなことです。

他者と自分を比べた時に、自分が優れていると思う人は他者を気にせず、したがって妬むこともありませんが、自分が劣っていると感じる人は自分よりも優れていると思う人を妬みます。

「もし無邪気な心というものを定義しようとするなら、嫉妬的でない心というのが何よりも適当であろう」（『人生論ノート』）

三木はこのようにいいますが、実際には、嫉妬の混じらない競争心は少ないでしょう。

妬む人は協力しない

例えば、試験を前にして、他の人を自分のライバルだと思い、競争して勝たなければならないと思う人がいます。試験は必ず結果が出るので、どれほど努力しても合格しないかもしれません。しかし、他者をライバルではなく仲間と思える人は、協力して勉強することができます。そのように思える人は、他者を出し抜いてまで競争に勝とうとは思わないでしょう。

他の人に協力するために自分が何ができるかを知るためには、その人に共感することも必要です。

「〔妬む人は〕他の人の心に共感する努力をほとんどしないので、いつも人間知《にんげんち》をあまり持つことはなく、自分の判断で他の人を傷つけるだろう。彼〔女〕らがすることで他の人が苦しんでも、何も感じない。妬みは、隣人が苦しむことに一種の満足を感じるまでになる」（『性格の心理学』）

自分や他者についての知をアドラーは「人間知」と呼んでいます。誰もが対人関係の中に生きているので、自分や他者が対人関係の中で何をどう考えているかを知っていなければ、よい対人関係を築くことはできません。

ここを読むと、アドラーは、妬む人は他者に共感せず傷つけ苦しめるとして妬みについて否定的であることがわかります。「妬みは、隣人が苦しむことに一種の満足を感じるまでになる」（前掲書）というのは、妬みが怒りや憎しみを超え、復讐心にまでなるということです。

ここでアドラーは「隣人」（Näster）という言葉を使っていますが、これは「仲間」（Mitmenschen）と同じ意味で使います。嫉妬する人は他者を仲間ではなく、敵と見なし、他者から何かを奪い、他者を軽視し邪魔をし、他者と協力して生きようとはしません。

「〔妬む人は〕戦う人、遊びを台無しにする人、他者とよい関係を持つことにあまり関心を持たない人、他者の人と共同生活には準備ができておらず、それに向いていない人の役を演じるだろう」（『性格の心理学』）

関心が他者ではなく自分に向いているので、まわりに起こることが自分の願うようにならない時に、すべてを破壊してしまうのです。

妬みは他者との共生を困難にする

アドラーは、次のようにいっています。

「われわれの仲間との関係に影響を与える根本的な態度の一つは妬みである」（『個人心理学講義』）

なぜ妬みが有用なものになりえないのかといえば、仲間との共生を困難にするからです。

「生涯にわたって妬みに満たされている人は共生にとって有用でない」（『性格の心理学』）

ここでアドラーが「仲間との関係」という時の「仲間」（Mitmenschen, fellowmen）は、「敵」（Gegenmenschen）の対義語ではありません。人は他の人とのつながりの中で生きています。問題は、つながっている他の人をどんな人と見なすかです。

「われわれの仲間との関係に影響を与える」というのは、人は一人で生きているのではなく、誰もが対人関係の中で生きているが、共生する他者をどう見るか、仲間と見るか、敵と見るかによって、対人関係のあり方は大きく変わるという意味です。

「子ども時代には、きょうだいが、他のきょうだいよりも優るために、野心の感情と共に、このような嫉妬も自らの内に発達させ、そうすることで、敵対的で闘争的な立場を示

す」（前掲書）

これは妬みではなく嫉妬について見た時にも引用しましたが、他者を仲間とは思えなくなる最初のきっかけは、子ども時代のきょうだい関係です。親は普通は叱ったりほめたりして育てるので、激しい競争関係にならないわけにいきません。そうなると、ほめられたいと思って他のきょうだいよりも優れようとするばかりか、ほめられないと、ほめられるきょうだいを敵と見なすようになります。他のきょうだいと競争し、さらには闘うようになります。

このように育った子どもはやがてきょうだいだけでなく、他者をも敵と見なすようになります。他者を必要があれば援助する用意がある仲間ではなく、隙《すき》あらば陥れようとする敵と見なすようになると、そのような他者と協力して共生することが困難になります。

嫉妬する人が相手を仲間と見て信頼することができず、そのため、たとえ今はいい関係でも、この関係は長続きせずいつか破綻すると思っているように、妬む人も優秀な人を見た時、その人をライバルというより自分の敵と見なします。他者を敵と見なすようになってしまうと、協力していい仕事をしようとは思えず、そのため、共生は困難になるのです。

共同体感覚の発達を妨げる

アドラーは、先に見た市場へ出かけた男性を例に、ライバルの出現が共同体感覚の発達を妨げるといっています。

「彼が経験した悲劇が、共同体感覚の発達を妨げたこともわかる。彼は母親が弟を抱き上げたのを覚えている。この赤ん坊が、自分よりも母親の注目を得たと感じていたのがわかる。そこで、弟の方が自分よりも愛されていると感じ、いつもこの考えを確認するような事実を探し求めているのである。彼は自分が正しいと完全に納得している。そして、いつも緊張しており、誰か他の人が自分よりも人気を得ていると、何かを成し遂げようとすることに、いつも非常に困難を感じるのである」（『個人心理学講義』）

「共同体感覚の発達を妨げた」というのは、説明が必要です。共同体感覚というのは、「人と人がつながっているという感覚」です。「共同体感覚」を意味するドイツ語のMitmenschlichkeit から派生する Mitmenschen は「仲間」という意味で、人と人が敵対しているという意味での Gegenmenschen「敵」が対義語です。

人は他者とのつながりの中で生きているので、その他者をどういう人と見るかによって対人関係のあり方は大きく変わることは先にも述べました。彼にとって母親は弟の方を自分よりも愛する悪い母親であり、その意味で「仲間」ではなく「敵」だったのです。

親やきょうだいだけでなく、他者は自分にとって敵と見なすようになると、他者に協力して生きることができなくなります。共同体感覚の発達を妨げるというのはこういう意味です。

子どもの頃にこのように嫉妬した人は、大人になっても同じことをするようになります。嫉妬する人は相手を敵と見なすことで、協力して二人の関係をよくする努力をしなくなります。協力しなければ、当然、二人の関係はよくなりません。他者を妬む人も、例えば協力して学問の発展を目指すべきなのに足を引っ張るようなことしかしません。

アドラーは共同体感覚は「意識的に発達させなければならない先天的な可能性」といっています（『人はなぜ神経症になるのか』）。妬むことが先天的な可能性の妨げになるのであれば、妬まないようにしなければなりません。どうすればいいかは後で見ますが、ここでは他者に嫉妬することの根底にある競争が他者を仲間と見なすことを妨げ、そうなると他者と協力して生きられなくなることを指摘しておきます。

第五章

妬まずに生きるために

誰もが嫉妬するわけではない

本章ではここまで見てきた嫉妬、妬みからどうすれば自由になれるかを考えます。自由になるためには、何度も見てきたように、誰もが同じ状況に置かれたからといって、必ず嫉妬したり妬んだりするのではなく、自分で選んだことが前提です。

嫉妬や妬みでは人といい関係を築けないことを理解し、嫉妬したり妬まなくてもいい関係を築けることを理解できたら、これまでとは違った人生を送ることができます。

後から弟や妹が生まれてきても、王座を奪われたとは思わない兄や姉がいること、王座からの転落は「心理的下降」(『子どもの教育』)であるとアドラーがいっていることは先に見ましたが、弟や妹の誕生を喜び、親に協力する子どももいます。

アドラーには、二歳年上の兄ジグムントがいて、弟、妹もいる中間子でした。第一子とは違って、中間子には生まれた時に既に兄や姉がいます。最初の数年は親の注目を自分に向けることに成功しても、第一子とは違って、一度も親の注目、関心、愛情を独占することはなく、しかも弟や妹が生まれると、親の注目は、たちまち弟、妹へと向かうことになります。これが、まさにアドラーが経験したことでした。

母親は最初の二年はアドラーを甘やかしましたが、弟のルドルフが生まれるとすぐに弟に注目するようになりました。中間子は第一子とは違って、一度も親の愛情、注目、関心を独占することはありません。そこで、中間子は親からの注目をもっとも得にくい位置にいるため、問題行動をすることで親の注目を引こうとしますが、アドラーはそうしませんでした。

しかし、アドラーは、母親は冷たい人で、自分よりも兄をかわいがっていると考えていました。ルドルフはアドラーが三歳の時に病死しました。弟は兄にとって母親の愛情をめぐってのライバルになりますが、とりわけ死別した子どもを親は忘れることができないので、強力なライバルになります。

アドラーが著書の中で「ある人」の早期回想を引いています。これはアドラー自身の回想のように思えます。

「〔この人の〕最初の回想は、弟が亡くなった三歳の時のものである。彼は葬儀の日に祖父と一緒にいた。母親は、悲しみにうちひしがれ、すすり泣いて墓地から帰ってきた。少年は母親が少し微笑んだのを見た。彼はこのことに非常に当惑していた。そして、その後も長く、弟が埋葬された日に母親が笑ったということに腹を立てていた」（『人はなぜ神経症になるのか』）

祖父は、将来また子どもが授かるというようなことを母親にいったのかもしれません。このようなことをアドラーが実際に経験したかはわかりませんが、アドラーのその後の母親との関係を考える時、このことはアドラーにとって重要な出来事だったといえます。

このようなことがあって、アドラーは母親よりも父親をより近く感じるようになるのですが、後にアドラーがフロイトのエディプス・コンプレックスの正しさを疑うようになるのは、この体験にもとづいています。フロイトは、男の子は父親を憎み、母親に近いといいます。しかし、自らの経験に照らせば、父親との距離は近く、母親との距離は遠く感じていました。

アドラーはこのように母親を冷たい人だと見ていましたが、後に自分の態度を責めて次のようにいいました。

「今は、母が天使で、私たちを皆同じように愛していたことを知っている。しかし、子どもの時は、母親について私は誤った考えを持っていた」(Phyllis Bottome, *Alfred Adler*)

アドラーの例を引きましたが、家族への思いが変わったという経験をした人はいるでしょう。親やきょうだいに嫉妬していた人も、思いを改めることができます。

誰もが妬むわけではない

自分の持っていないものを持っている人を見ても、誰もが妬むわけではありません。自分が持っていないものを持っている人や、幸運に恵まれているように見える人がいても、何とも思わない人はいます。

アドラーの兄ジグムントはアドラーにとってのライバルといえる存在でした。聡明で支配的なジグムントはユダヤ人のアドラー家で伝統的に優位な立場を占めており、さらに、ジグムントはアドラーと違って健康だったからです。そのような兄と自分を比べ、くる病のために身体を思うように動かせないことを理由に、人との交わりを避けるようになったかもしれませんし、健康な兄を妬むこともありえたでしょう。

しかし、このような状況で妬むかどうかは、自分で決めることができます。アドラーは病気のために身体を自由に動かすことはできませんでしたが、兄を妬むことはなく、

「皆は私を助けるのに骨を折った。母と父はできることはすべてしてくれた」（前掲書）

といっています。

このことはアドラーが、他者を「仲間」と考える契機となりましたが、同じ経験をしても、他者を妬む人もいれば、そうでない人もいるということです。

ソクラテスの流れを汲むギリシアの哲学者であるディオゲネスについて、次のような話が伝えられています。彼は生活上の必要を最小限にまで切り詰め自足した生活を送っていましたが、ある日、小川の水を手で掬《すく》って飲む子どもを見て、「私はこの子に負けた」と頭陀袋《ずだぶくろ》に入っていた茶碗まで捨てました（ディオゲネス・ラエルティオス『ギリシア哲学者列伝』）。持つことをうらやましいと思って妬む人には考えられないことでしょう。

きょうだい関係における嫉妬についていえば、弟や妹に協力的に接することができる子どもはいます。自分が愛する人が他の人と楽しい時間を過ごすのを見ても、嫉妬しない人もいます。

また、自分が持っていないものを持っている人を見て妬む人はいるでしょうが、自分が持っていなくても持っている人を妬まない人はいます。自分が持っていないからといって持っている人を必ず妬むわけではありません。

アドラーは、「妬みから自由な人は誰もいないことを認めなければならない」（『性格の心理学』）といった後に、次のようにいっています。

「人生が円滑に流れている時には、このことは常にはっきりと現れるわけではない」（前掲書）

「人生が円滑に流れている時には」妬む必要がないので、そのような時には妬まず、人生の流れが円滑でなくなると、妬むのです。

「人が苦しみ、圧迫されていて、お金、服、暖かさが欠けていると感じ、将来に希望が持てなくなって、抑圧された立場からの出口が見えない時には、妬みを感じる」（前掲書）

普段は妬まない人でも、このような時には、「妬みから自由な人は誰もいない」とアドラーは考えています。「お金、服、暖かさ」を他の人は持っているけれども、自分は持っていないと感じた時、持っている人に妬む人はたしかにいるでしょう。「暖かさ」に欠けるということでアドラーが具体的に何を念頭に置いているかははっきりしませんが、人生が円滑に流れていない時には、他の人がアドラーの言葉でいえば他者が「敵」に見えるということでしょう。人から裏切られるというような経験をすることがあれば、人を信じられなくなります。

ここでアドラーが「人が苦しみ圧迫されて」いるとか、「抑圧された立場」という言葉を使っているところから、社会的な問題を視野に入れているのがわかります。アドラーは「人類」の妬みについて、次のようにいっています。

「人類はまだ文化の初期の段階にある。そこで、たとえ道徳と宗教によって禁じられていても妬みを感じるのである」（前掲書）

妬みは道徳と宗教によって禁じられていても、まだ文化の初期にある人類は妬みを感じるとアドラーはいいます。

「我々は何も所有しない人の妬みも理解できる。このような状況において、妬みの感情を持たない人がいるという証拠が提示される時、妬みは初めてわれわれにとって理解できないものになる」（前掲書）

「所有しない人」が妬みを感じるのは当然なことだとアドラーは考えています。宗教や道徳が妬んではいけないと説くこと自体は正しい考えだとしても、為政者《いせい》がこの考えを国民の不満を抑えるために利用するとしたら問題です。

妬まないで不平をいわず我慢することは、社会が不公正であることの問題を解決しません。政治、社会的問題から目を逸らすために、宗教や道徳の見地から妬むことを禁じるのは間違いです。

しかし、他方、持っている人を妬むことでも問題は解決しません。どうすればいいかは、後で考えますが、何も持たないことを個人的な信条として生きることと、持たない人がいるという政治の問題に目を向けないということは、次元の違う話であることを知っていなければなりません。

社会の問題は解決しなければなりませんが（ただし、妬むことでは解決しません）、ここで問題なのは、個人のレベルでも、妬むだけでは「出口」を見出せないということです。

相手が誰であれ同じことをしてしまう

フロムは、嫉妬や妬みは非合理的な感情であり、そのような非合理な感情から行動に駆り立てられる人がいることは先に見ましたが、そのような人の行動は、硬直したステレオタイプなものになります（*Man for Himself*）。嫉妬は活動的な行為であっても、自由でも合理的でもないので、生産的ではないとフロムはいいます。フロムのいう生産的というのは、創造的と同義であり、嫉妬は何も生み出さない不毛なものであるという意味です。

嫉妬や妬みに駆り立てられた行動は硬直したステレオタイプなものになるというのは、状況がどのようなものであるか、相手が誰であるかに関係なく、嫉妬する人の行動はいつも同じであるということです。

相手が誰であれ同じことをしてしまうのはなぜか。他者を個人と見ていないからです。同じような状況に置かれた同じような人でしかありません。個人として見ているのなら、その人と築かれる関係は他の人との関係とは違うはずです。

ライフスタイルを変えるために必要なこと

子どもの時も大人になってからも、同じ状況で必ず同じ行動をしなければならないわけではありません。なぜ同じ状況で誰もが同じように感じ行動しないのかといえば、嫉妬するかどうか、妬むかどうかは自分で決めるからです。

嫉妬する人はそうすることが自分のためになると考えます。本当にそうなるかは別問題であり、嫉妬が関係を悪くすることは第一章で見ましたが、嫉妬する人は自分のためにならないことがわかっても、嫉妬しないのであればどうしたらいいかを知らないので、嫉妬するのをやめることができないのです。

子どもの頃は嫉妬や妬みも含めライフスタイルを無意識で選んだのですが、大人になって、今の自分のライフスタイルがどのようなものであるかがわかれば、これからの人生において意識的にライフスタイルを選び直すことができます。嫉妬や妬みについても、子どもの頃はどうしていいかわからなかったのですが、今なら同じ状況で違うことができないかを考えることができます。

子どもの頃、ライフスタイルを意識的でなくても自分で選んだのであれば、変える決心をすれば変えることができます。過去に経験したことのために、今生きづらいと訴える人は多いですが、ライフスタイルを変えられないということになれば、教育も治療もできないことになります。嫉妬や妬みについても同じです。長年してきたことを変えることは容易ではありませんが、少しでもこれまでとは違うことをしてみると、人生は変わります。

妬みは努力のブレーキ

ここまで見てきたように、妬む人は他者との競争に勝とうとしているように見えますが、実のところ、妬むのは努力にブレーキをかけるためです。

妬みは自分を他者と比べることから起きます。問題はただ比べるだけではなく、自分が他者よりも劣っていると感じることです。先にも見たように、妬みは劣等感なのです。

しかし、劣等感を持つので仕事に取り組まないのではありません。仕事に取り組まないために劣等感を持つのです。誰かを妬むことが励みになって仕事に取り組むというようなことはなく、妬む人は自分が妬む人には及ばないと感じることで、ブレーキをかけようとしているのです。本当はやってみなければどうなるかわかりませんが、何もしなければ結果は出ないので、自分は「及ばない」と感じずにすみます。

自分は持っておらず、その自分が持っていないものを手に入れたい、しかし簡単に手に入れられないという時に妬みが起きます。ここで「持っていないもの」というのは「属性」のことです。

妬む人は、例えば、富や才能、美貌のような自分が持っていない他者の属性を妬みますが、その属性を持っている人自身になりたいわけではありませんし、実際なれません。相手が持っていて自分が持っていない属性をたとえ身につけることができたとしても、相手が優れているのは属性を持っているからではなく、相手と同じ属性を持ったとしても相手に優ることができるわけではないことも知っているのです。

同じ大学を卒業したからといって、妬む相手のように優れた仕事ができるわけではありません。同じ属性を持っていないので妬む相手のようになれないと思いたい人は、可能性の中に生きています。実際に、自分が妬む人が持っているものをすべて手にすることができたのに、相手に優ることができないという現実に直面したくないのです。実際に相手と同じ属性を持ってはいけないのです。このように、妬みは自分が優れることのブレーキになります。

妬みではなく憧れといえば否定的な意味には聞こえませんが、憧れもブレーキになります。あの人のようになりたいと憧れる人も、その人に近づこうと思って努力するかといえばしないでしょう。先に森有正が初めて女性に「郷愁に似た思いと憧れ」を感じたという話を引きましたが、森は結局、彼女と言葉を交わすことはありませんでした。声をかけるなどして働きかければ拒まれるかもしれません。憧れるだけで何もしなければ、あの時声をかけていたらどうなっただろうかと後々まで思い続けることができます。

　目標との距離が遠すぎると、距離を縮《ちぢ》める努力をするというより、自分よりもはるかに優れた人を目《ま》の当たりにした時に、目標との距離に圧倒されます。とてもかなわないと思った時に、それでは自分も頑張ってみようとは思わず、妬んだ時点で諦めてしまっているのです。妬むから諦めるのではなく、諦めるために妬むというのが本当です。

　しかも、自分が持っていないものを持っている人を見て、最初はただ自分もほしいと思っていた人も、持っている人を妬むようになった時、幸運な人や選ばれた人に対して不公平であると感じた人が怒るのと同様、自分が持たないものを持っている人に対して、やがて怒りばかりか憎しみまで感じることもあります。

他者と比べない

　妬みから自由になるためには、他者と比べるのをやめなければなりません。アドラーは、次のようにいっています。
「自分のことを低く評価し、満足しないので、大抵他の人が自分のことをどう思っているか、他の人が何を達成したかについて絶え間なく比べるという状態に陥る。そして、自分は〔他の人に〕及ばないと感じるだろう。このことは、他の人より多くのものを持っていても起こりうる」(『性格の心理学』)
「妬みの感情は、このように絶え間なく比べることによって引き起こされるので、それが幸福の可能性を促《うなが》すように作用しない」(前掲書)
自分が他の人に及ばないと感じると幸福になることもできないのです。
他の人より多くのものを持っていても妬むというのは、自分よりも多くのものを持っている人は必ずいるので、どれほど多くのものを持っていても、自分は他の人に及ばないと考えてしまうということです。
アドラーは、他の人が達成したことを自分が成し遂げた仕事と絶え間なく比べるだけでなく、「他の人が自分のことをどう思っているか」についても比べるといっていることにも注目しなければなりません。妬む人は、他の人が自分にはできない仕事を成し遂げたのを見て妬むだけでなく、その人が高く評価されたのに、自分は成し遂げられなかったことを他の人がどう見ているかが気になります。当然気になるのは自分が低く評価されていると思うからですが、他の人にどう見られているかを気にかけるのもやめなければなりません。

そのように他の人は成し遂げたのに自分はできなかったとか、他の人は高い評価を得られたのに自分は評価されなかったというように比べるのではなく、できるところから始めるしかありません。小説家が何かの賞を取るために小説を書くということはないでしょうが、他の人が受賞した時に妬むのではなく、自分の小説を書き続けるしかありません。他の人の成功を聞いて落ち込んだり、成功した人の価値を貶めたり、他の人のことを邪魔したりしても、どうにもならないのです。

若い友人からこんな話を聞いたことがあります。彼は大学でサッカーをしていました。優秀な選手で、将来はプロのサッカー選手になることを嘱望《しょくぼう》されていました。ところが、身体の故障のために、プロの選手になることを断念せざるをえなくなりました。

彼は四十歳になるまでテレビでサッカーの試合を見ることができなかったといいます。かつて競い合った自分の仲間が、プロとして試合に出ているのを見ることができなかったのです。

その彼がなぜ四十歳になったら試合を見ることができるようになったかといえば、仲間の多くがその年になると引退してしまったからです。「なぜ、自分ではなく、『あいつら』がプロになったのかと思ったのでは」とたずねると、まさにその通りだという答えが返ってきました。

彼はプロの選手になった仲間を妬んでいたのですが、四十歳になるまで長らく妬む必要はなかったのではないかと思います。人は怪我や病気など、思いもよらない出来事に遭遇し、そのために、自分がしたいと思っていたことができなくなることがあります。

そのような時は現状でできることをしていくしかありません。サッカーを断念するのは断腸の思いだったでしょう。しかし、サッカーを続けた友人と自分を比べ、もしも怪我をしないでサッカーを続けていたら友人よりはるかに優秀な選手になっただろうという可能性の中に生きなくてもよかったのです。サッカーはできなくなっても、「自分の」人生を生きることはできるからです。サッカー選手として生きる人生と、それ以外のことをして生きる人生に優劣はありません。

成功しようと思わない

他者の成功を妬む人は、お金を得て物を所有することが幸福であると考えているように見えます。そのように考える人にとって幸福は量的なものです。だから、自分の幸福と他者の幸福を比べられると思うのですが、本当は幸福ではなく、量的な成功を比べているのです。質的な幸福は比べることはできず、成功の尺度で見ると理解できないこともよくあります。成功したい人は、大抵の人には理解できないような幸福な人は眼中に入れません。

成功は比べることも真似ることもできますが、幸福は比べることも真似ることもできません。幸福は「各人においてオリジナル」（三木清『人生論ノート』）なものだからです。

幸福がこのように質的なものであり、「各人にオリジナル」（前掲書）であることがわかれば、成功した人を妬むこともなくなります。

比べられない価値

妬みから自由になるためには、量的な比較もやめなければなりません。他者の仕事と自分の仕事を比べる時、量的なものについて比べています。

先にも引きましたが、三木清は、次のようにいっています。

「嫉妬は性質的なものの上に働くのでなく、量的なものの上に働くのである」(『人生論ノート』)

嫉妬は「量的なものの上に働く」のですが、仕事の価値は量的に測ることはできません。作家や編集者がベストセラーを出すことに汲々《きゅうきゅう》とするようなことです。何部売れたかという数字が本の価値を明らかに示しているように思う人は多いでしょうが、本の価値は量的に測ることはできません。売れたからといって、その本が必ずしも良書であるとはいえません。これは本に限った話ではありません。ここで三木が、嫉妬は「量的なものの上に働く」というのは、妬む人は他の人の量的な成功を見て妬むのであり、仕事の質的な面を見ていないということです。

仕事の価値が量的に測れないのであれば、競うことにも意味がありません。他の人の仕事が優れているように見えたとしても、自分と他者の仕事は違っていて当然です。

他の人の仕事を見て、それが優れた仕事であると思うことはあるでしょう。しかし、その人の仕事と自分の仕事は同じではないので、自分の仕事が劣っているとも優れているともいえません。他の人の仕事を自分の仕事と比べることはできないのです。優れた仕事はただ優れているのであり、誰かの仕事と比べて優れているわけではありません。

自分の仕事が優れていることを知るために、他の人の仕事と比べる必要もありません。他の人の仕事が自分の仕事よりも優れていると考えて、その人の仕事を模倣して優れた仕事ができたとしても、それは自分の仕事とはいえません。本当に優れた仕事をする人はどう評価されるかは関係なく、もちろん妬むこともなく、仕事をすることができます。他者との競争に勝って結果を出せたとしても、本来自分の力を発揮して成し遂げた仕事でなければ、達成感を得ることはできないでしょう。

苦労を比べない

私は両親の看病や介護をしたことがありますが、介護について話すと、私よりももっと長い期間介護した人から「その程度のことは大したことではない」という意見がくることがあります。病気の話も同じです。私は五十歳の時に大病をしましたが、たしかに私よりも長く親の介護をし、私よりも重い病気を患《わずら》った人がいることを私は知っています。私の方が大変だったという人がいれば、介護や病気について話すのをためらってしまいます。

自分の場合を他の人と比べて、どちらがより大変かとか自分の病気は他の人より重いと思う人は、自分を他者と比べています。そのような人が健康な人を妬むこともあります。

しかも、今例にあげたようなことを比べるのは、大変さが量的にわかると考えるからですが、実際には、大変さを量で測ることはできません。大変でない介護はありませんし、病気になって大変な思いをしない人はいません。普段、健康な人がほんの微熱が出ただけで、世界が終わるようなパニックに陥ることもあります。

量的に測れると思うので、大変だったと託《かこ》つのですが、そうするのは、量的には大変ではなかったように見える人よりも優位に立つためです。

誰もが大変というのは、誰とも比べられない質的な面でのことです。反対に、介護や病気を質的に見ることができれば、量的に、つまり長く介護したとか重い病気で長く入院したからといって、必ずしも大変とは思っていない人もいます。

自分の大変さを他の人に理解してほしいのであれば、自分の場合と他者の場合を比べても意味がないことを知っていなければなりませんし、自分の場合が大変であることを強調しても、他の人には理解されないでしょう。自分とは違って楽な状況にいるように見える人を妬むことに意味はありません。

自助や共助ばかりが強調されるのは間違いです。必要な援助を国がするべきですが、介護や看病をする人の心構えとしては、援助が必要であればまわりの人にも援助を求めなければなりません。介護が大変であることは本当ですが、他の人を妬んでも大変さは伝わりません。

プライドよりも大切なもの

旧約聖書にカインとアベルの話が出てきます。カインはアダムとイブの第一子で、アベルはカインの弟です。ある時、カインは神に捧げ物をしようと思いつきました。農夫のカインは畑の野菜を捧げました。羊飼いのアベルは子羊《こひつじ》の肉を捧げました。

ところが、神はアベルの捧げ物には目を留めましたが、カインの捧げ物には目もくれようとしませんでした。そのため、カインは怒りました。神はカインにこういいました。

「何故君は怒るのだ、何故君はそのように顔を伏せるのだ。正しいことをしているのなら、顔をあげればいい」（『創世記』）

カインの長子の権利は絶対のものでした。アベルはカインをさしおいては何の権利もありません。ところが、カインはアベルも捧げ物をしようとしているのを見ました。

森有正はこのくだりを次のように解釈しています。

「長子の自分と並んで、同じように捧げものをしようとする。それだけでもすでに不遜《ふそん》である。しかもアベルはカアン〔カイン〕の諒解《りょうかい》を求めるでもなく、自分と対等に、自分とは別に捧げ物をしようとしている。しかし、とかれは独語した。自分は長子だ。神は自分の捧げ物をおうけになるにきまっている。アベルはその不遜のむくいをうけるだろう。神は自見ているがよい」（『城門のかたわらにて』）

ところが、神はカインの捧げ物を顧みることはありませんでした。カインはアベルを野原に誘い出し殺しました。

先に、第一子は弟や妹の誕生によって王座から転落することがあると書きましたが、カインの持っていた長子の権は絶対のものであり、弟や妹の誕生によって失われるようなものではなく、生得《せいとく》の権でした。それは神の秩序でもあり、正義によって基礎づけられています。森は次のようにいいます。

「僕の理解するかぎりでは、カアンの根本的な謬《あやま》りは、あるいは罪は、アベルが長子権を無視したことを不当と考えたことではなく、アベルの成功を見て、カアンの中で嫉妬と正義の念とが混同されてしまったことだ、と考える。この二つが混同されると、当人にとっては、嫉妬の念は正義の念の下にかくれてしまい、自分の怒りは一に正義の念に基くと思いこむ。ところが外から見る者の目には、かれは嫉妬の念に燃え、正義を口実としてい

ると見える。嫉妬と正義の要求との混同は、人間の内面の最も深いところにある核に触れるものである」（前掲書）

カインはアベルに嫉妬したのですが、正義の念と混同されたと森は考えるのです。嫉妬は私的なものであり、そのような嫉妬にかられることをカインでなくても認めたくありません。公《おおやけ》の正義を無視するアベルを許せないと思ったカインは、もしも誰かにあなたは弟に嫉妬していたのかとたずねられたら断じて否と答えていたでしょう。

このカインとアベルの話は様々な解釈が可能でしょうが、森有正は、創世記を綴《つづ》った人々にとっては簡単だったのではないかといっています。

要は、アベルの方がカインよりもおいしい捧げ物をしたのです。そうであれば、「アベルに負けないようにもっと美味しい子羊でも、犢《こうし》でも捧げるべきだった」のです（『城門のかたわらにて』）。

そんなことはできないとカインが思ったとすれば、自分が愛されるよりも自尊心を守ることの方が重要だと考える人と同じなのです。森は、カインは「アベルに負けないように」犠牲を捧げるべきだったといっていますが、アベルと競争する必要はありません。

どんな仕事もそれ自体をやり遂げることではなく、そうすることが誰かとの競争に勝つためであったり、それによって誰かに認められようとするためであれば、勝てなかったり、認められなかった時に、仕事をするのをやめたり、首尾よくやり遂げた人を妬むことになってしまいます。

森は次のようにいっています。

「仕事は心をもって愛し尊敬する人に見せ、よろこんでもらうためだ。それ以外の理由は全部嘘だ」(『バビロンの流れのほとりにて』)

喜んでもらうために仕事をすると、喜んでもらえなかったらやめるのでしょうか。これに続けて、森は次のようにいっています。

「中世の人々は神を愛し敬うが故《ゆえ》に、あのすばらしい大芸術を作るのに全生涯を費やすことができたのだ」(前掲書)

これを読むと、恋人に喜んでもらうために仕事をするというようなことを森は考えていないのかもしれませんが、神であっても自分の仕事を認められないと思う人は、大芸術を作った人は神に喜んでもらえることを期待したのではないかと思います。その期待を神が満たさなければ、神が認めたアベルを妬んだカインのようになります。

「個性」を受け入れる

どんな仕事も他の人が代わりにできないわけではありません。それでも、同じ仕事をしていても、人によって仕事の仕方がまったく同じということはありません。

仕事は必ず評価されますが、誰もができることを量的にしか評価することはできません。しかし、それとは別に、自分の仕事でそのような仕方では他の人の仕事と比べられない面が必ずあります。

他の人から評価されないと自分の仕事の価値がわからない人は、他の、仕事には替えられない、独自な面が見えてないのです。反対に、同じ仕事であっても、自分独自の取り組みをしている人は、自分の仕事の価値を他の人から評価されようとされまいと、自分で認めることができます。

カインとアベルの話は神への捧げ物の話ですが、自分の仕事が他の仕事とは比べることができない、その意味で個性的で独自なものであり、量的には測ることができないものであることを知っている人は、たとえ人から認められなくても、認められた人を妬んだりはしないでしょうし、一般的なものでないので他の人からも妬まれることもなくなります。

もちろん、仕事は量的なものでもあるので、誰からも評価されなくてもいいと嘯《うそぶ》くことはできませんが、自分の仕事について自信を持っていなければなりません。

仕事だけでなく、自分自身を属性ではなく、個性として見ることが妬みから自由になるために必要です。先にも引きましたが、「特殊的なもの、個性的なものは、嫉妬の対象とはならぬ」（三木清『人生論ノート』）からです。

ところが、属性によって自分がどんな人間かを他者に示そうとする人がいます。たずねられもしないのにどの大学を卒業したかを吹聴《ふいちょう》する人がいます。その大学を出ていることが自分が有能であることの証だと考えているのでしょう。高学歴なのに少しも賢くない人はいくらでもいますが、人を判断する時の指標として学歴を知りたがる人もいます。

そのような一般的な属性によらなければ、自分が誰なのかがわからない人は、他の人を、またその仕事も属性によって知ろうとし、自分がその人に及ばなければ、妬むことになってしまうのです。

他者を属性でなく個性で見るようになれば、その人や仕事を理解でき、妬まなくなります。たとえ、誰もが成功者と見なすような人であっても、その人の個性を見れば、妬まなくなるかもしれません。成功者といっても、一括《ひとくく》りにすることはできないので、個人の背景を知れば、その人の生き方を理解できるからです。

また、嫉妬する人は相手を一般的な人としか見ていません。子どもの頃の経験に基づいて、この人もまた私ではない他の人に心を移すだろうと思う人は、その兆候を見つけようとし、実際、すぐに見つかるので、この人も同じだと思ってしまいます。そのように一般的な人と見ないで、他ならぬこの人、個性を愛すれば相手を理解でき、また同じことが起こるのではないかという不安から解放されます。それではどうすれば、個性を知ることができるか、次に考えましょう。

自分と他者を個性として見る

嫉妬する人はこの属性に嫉妬するということを先に見ましたが、人を理解しようとする時に何らかの属性で理解しようとしても、その人についての属性の一つでしかありません。他の誰とも同じではない個性は属性によっては表すことはできません。

三木は、次のようにいっています。

「抽象的な概念と言語はすべてのものから個性を奪って一様に黒塊を作り、ピーターとポールとを同じにする悪《あ》しきデモクラシーを行うものである」（『人生論ノート』）

ピーターとポールは本来別の個性を持った別の人であるはずなのに、「抽象的な概念と言語」によって二人を見れば、同じ人として見ることになるという意味です。抽象できない面を見なければ、人を個人として理解することはできません。

「唯私が知っていることは、一個の個性はパラドキシカルな言葉を用いるならば一人の人間であって同時に数人の人間として互に相対立し矛盾し衝突する心をもっておるものであること、個性はこれを分析したり抽象したり記述したり定義したりするときはそれの個性としての特質を失ってしまうこと、それ故に個性の説明は終局《しゅうきょく》は『AはAである』と云う同一命題以上に出《い》でることができず、個性の評価はそれの全体に向かい得る直観に於いてのみ正当になされると云うことである」（『語られざる哲学』）

万物の流転《るてん》を説いたギリシアの哲学者であるヘラクレイトスは、何も語らず、ただ指を動かしたと伝えられています。ものが何なのかを説明しようとしても、抽象的な言葉では説明できず、黙って指さすしかないからです。

人も同様に、例えば、「Aは美しい」といってみても、人の一つの側面を表すことはできても、他者にも当てはまる属性で説明することでは個性を説明できません。

指さすことができる対象がある場合は黙って指さすことができますが、目に見えない個性は、「AはAである」というか、もしくは語れないものについては黙るしかありません。

一般的、抽象的な言葉の限界といえます。
それでは、記述したい対象が個別的で具体的なものであれば、どうすれば「AはAである」という同一命題を超えて個性を評価できるか。三木は直観において正当になされるといいます。人の属性をすべて知り尽くすことができたとしても、一般的でない個性はそれらを超えて直感でしか知ることはできません。三木は次のようにいっています。
「私は汝《なんじ》に対して愛を感ずるのであり、汝の存在と汝に対する私の関係を予想している」（『哲学的人間学』）
「私」と「汝」が全人格をもって向き合う時に愛を感じることができます。先に森有正が憧れた女性について見ましたが、言葉を交わしていなければ、その女性は、対象化された「それ」（ここまで使った言葉でいえば「もの」）でしかなく、「人格」という意味での「汝」ではなく、個性を知ることはできなかったのでしょう。
「この愛情に於《おい》て私と汝とは平均化され一様化されるのでなく、却って私と汝とは独立の人格として認められつつ結び附くのである」（前掲書）
妬みが平均的なものに向かうと三木がいっているのは先に見ましたが、私と汝が平均化し一様化される関係は愛とはいえません。また、フロムが、尊敬は、相手をありのままに、その独自の個性を見て、相手が相手のやり方で成長していくよう気遣うことであるといっていることを第三章で見ましたが、平均化することは相手を自分の望むように変えようとすることです。

自由が愛に危機をもたらすように、相手が個性を伸ばしたらもはや自分のコントロール下に置けないと思う人はいるでしょうが、相手の成長を阻み、自分だけに関心を向けようとするのは愛とはいえません。

さらに、三木は次のようにいっています。

「嫉妬は他を個性として認めること、自分を個性として理解することを知らない」(『人生論ノート』)

嫉妬する人は他者も自分も個性と見ていないというのです。

「自己を知ることはやがて他人を知ることである」(前掲書)

自分の個性を見ることができる人は、他の人の中に個性を見ることができます。嫉妬する人は相手を愛していると思っているでしょうが、個性として認めていないので愛していないことになります。

「私達が私達の魂《たましい》がみずから達した高さに応じて、私達の周囲に次第に多くの個性を発見してゆく。自己に対して盲目な人の見る世界はただ一様の灰色である。自己の魂をまたたきせざる眼をもって凝視《ぎょうし》し得た人の前には、一切のものが光と色との美しい交錯において拡《ひろ》げられる」（前掲書）

個性をどこまで見られるかは、魂が達した高さによって決まります。他者を妬まないためには、まず自分の個性を認めることができなければなりません。しかし、これまで見てきたように、多くの人は自分をも一般的な属性としてしか見ていません。

「恰《あたか》もすぐれた画家がアムステルダムのユダヤ街にもつねに絵画的な美と気高い威厳とを見出し、その住民がギリシア人でないことを憂《うれ》えなかったように、自己の個性の理解に透徹《とうてつ》し得た人は最も平凡な人間の間においてさえそれぞれの個性を発見することができるのである」（前掲書）

レンブラントを想起させるこの画家が、明るい日が差すギリシアに生まれなかったことを妬んだりしなかったであろうように、他者を妬まないようになれるためには、自分の個性を「発見」しなければなりません。そうすることで、さらに他者の個性を発見することができます。

「かようにして私はここでも個性が与えられたものではなくて、獲得されねばならぬもの

であることを知るのである。私はただ愛することによって他の個性を理解する」（前掲書）

個性は「発見」し「獲得」しなければならないのです。アドラーは何が与えられているかではなく、与えられたものをどう使うかが重要だといっています（『人はなぜ神経症になるのか』）。個性は自分で発見し獲得しなければなりません。発見し獲得するという意味で、自分を愛せるようになれば、自分を活かそうと思え、そう思えるようになれば、自分と他者を比べることはしなくなり、愛することで他者の個性を見るようになれば、他者に嫉妬したり妬んだりすることもなくなります。

個性が与えられたものではなく獲得されたものであるということのもう一つの意味は、個性は対人関係の中で見出されるということです。先に引いた三木の言葉を使うと、個性は対人関係を離れてあるものではなく、「汝の存在と汝に対する私の関係」によって獲得されるということです。この関係の中で、他の誰でもない私とあなたの個性が獲得されていくのです。

これは二人の個性が変わっていくということです。嫉妬する人は相手が変わっていくことを恐れます。つき合い始めた最初の頃ほど愛されなくなることを恐れます。しかし、関係が変わることは必ず悪くなるということではありません。むしろ、互いを個性として認めているからこそ、関係が変わっていくのであり、関係が変わるのは相手の個性をよりよく知ったからであるといえます。

真の自信を持つ

三木は次のようにいっています。

「自信がないことから嫉妬が起るというのは正しい。尤《もつと》も何等の自信もなければ嫉妬の起りようもないわけであるが。しかし嫉妬はその対象において自己が嫉妬している当の点を避けて他の点に触れるのがつねである。嫉妬は詐術《さじゆつ》的である」（『人生論ノート』）

妬む人は他者と自分を比べている時点で、他者と比べることができない自分の個性を認めていないのです。他者よりも優れた仕事ができるという自信がなく、そのことを認めたくないので、詐術、つまり人を欺く手段を使います。

ここで三木が、嫉妬は「自己が嫉妬している当の点を避けて他の点に触れる」（前掲書）といっているのは、アドラーのいう「価値低減傾向」（『性格の心理学』）です。妬む人は、相手が優れており、自分は到底及ばないと認めざるをえない点には触れず、欠点を探し出し、それがあるのでその人の仕事がすべて価値がないかのように攻撃するのです。学歴を調べたり、学位を持っていなかったら、それだけでその人の仕事には価値がないというような人はいます。一箇所間違いがあったというだけで、本に書いてあることがすべて間違っているといいたい人はいます。講演後に質問する人が、最初に講演者の話がよく聞き取れなかったというような、講演内容とは関係しないことを批判するというようなこともあります。そのようにして、他者を攻撃し、他者の価値を貶め、自分の価値を高めようとするのですが、自分が嫉妬するところ、自分はかなわないと思うところは避けて攻撃を仕掛けるのです。

このように、妬む人は嫉妬している点を避けて競争を挑んで勝とうとしますが、優れた人の仕事の価値がそのようにしたところでいささかも揺るがないことは明らかです。

自信がないから嫉妬が起こるというのは正しいと三木はいっていますが、自信を持たないために妬むともいえます。妬みは自分は他の人に及ばないと感じるという意味で劣等感です。自信があれば、自分が嫉妬する人と競わなければなりませんが、そうすることを断念するために嫉妬します。つまり、自分にはとてもかなわないという劣等感を、自信をなくすために使い、嫉妬する点を避けて競争するどころか、競争から降りてしまうのです。

このように、自分を他者と比べ競争することが嫉妬を引き起こすのであれば、比べることをやめれば自信を持てるはずなのですが、自信を持てないのは、他の人と比べることができない個性、自分に固有の特質を受け入れることができないからです。個性を認めることができれば、他の人と比べようとは思わなくなりますが、そう思えないほど、多くの人が子どもの頃から人と比べ、自分を好きになれなくなるような教育を受けてきています。

そのため、自分でも自分が好きになれないのに、どうして他の人が自分を好きになるだろうかと考えるようになります。これが劣等感ですが、劣等感についても、劣等感があるので人と関わろうとしないのではなく、人と関わらないために劣等感を作り出しているといえます。

恋愛や親子関係においても、自分は他の誰も持っていない個性を持っていると思えないと、どれほど愛しているといわれても、本当は愛されていないのではないか、今は愛されているけれども、他の誰かに愛情を向け自分は愛されなくなるのではないかと不安になるのです。その不安が想像力を働かせ、愛されていない証拠を探すことに心を忙しくします。

反対に、他の誰とも比べることができない個性を受け入れることができれば、愛されていないのではないかと思って、嫉妬することもなくなります。愛されたいと思う人は、他者から認められなければ自分の価値がわからないのです。愛されなくなったら、自分の価値がなくなると思ってしまいます。しかし、愛されても愛されなくても、自分の価値に変わりがないと思える人は、何としても認められるために嫉妬してまで人を引き止めようとしなくなります。

他者からの属性化を拒む

親は、自分の子どもに属性を与えます。「あなたはいい子ね」とか「あなたは頭がいい」というような言葉をかけることです。属性は文字通り、子どもに属する性質でしかありませんし、親の子どもについての見方、評価であっても、必ずしも子どもの本質、個性を表していないことがあります。しかし、子どもは親からそのようにいわれると受け入れてしまいます。親から与えられる属性に自分を合わせる必要はありませんし、親が自分を当てはめようとする属性の枠組みから出てもいいはずですが、親の言葉に子どもは反発しません。いい子とか頭がいいといわれたら嬉しいでしょうから。

精神科医のR・D・レインは「ある人に当てられる属性が、その人を限定し、ある特定の境地に置く」（*Self and Others*）といっています。子どもはどんなふうに育ってもいいはずなのに、例えば、いい成績を取れる子どもとして限定されます。親が子どもに与えた属性に合わせようとしてしまうと、子どもは個性を失います。自分は勉強ができると思っている子どもは、親だけでなくまわりの大人からもそういわれるようになると、優秀であるという属性に自分を合わせようとします。しかも、勉強ができるだけでなく、行動面でも問題を起こしたりしなくなり、いい子になると個性的ではなくなります。

問題は、勉強についていけば、親から勉強ができるといわれても、勉強が難しくなると、たちまちできないという現実に直面することになるということです。学生時代は勉強ができて有能だと思っていたのに、社会人になってから仕事に失敗した時、自分は有能ではないのではないかと思い始めることがあります。

そのような現実に直面せず、できる子どもという親から与えられた属性に従って生きる子どもは、三木の言葉を使えば「独立した人格」（『哲学的人間学』）とはいえません。

子どもの観点からいえば、親から与えられた属性を受け入れて生きることは、自分の人生を生きることにはなりません。

勉強するとすれば親の期待を満たすためではなく、自分で勉強しようと決心しなければなりません。親から独立、自立できていない子どもは自分の人生なのに親に決めてもらおうとします。その意味で、親に与えられた属性を受け入れる子どもは親に依存的なのです。大人になってからも同じです。いつまでも人から与えられた属性を受け入れていないで、自分の人生を自分で決めなければなりません。

レインが、親が放課後子どもが学校の門から出てくるのを待っている状況を例にして、属性付与について説明しています（*Self and Others*）。問題は、子どもにとって親の属性付与が事実上命令になるということです。

子どもを学校に迎えに行った親が子どもを校門で待ち受けます。校門から出てきた子どもを親はすぐに見つけます。子どもも親に気づきます。その時、当然、自分に気づいた子どもは走ってきて抱きつくだろうと思っていたところ、少し離れて立ち、近づいてこない子どもがいたとします。

親は困惑して、「あなたはお母さんのことが好きではないの」とたずねます。予想していたのとは違う行動をした子どもに親が「どうしたの」とたずねるのならわかりますが、「好きではないの」とたずねるのは唐突な質問に思えます。

親がそうたずねたら子どもが「好きではない」と答えました。それを聞いてさらに困惑しない親はいないでしょうが、ある親は「でも、私はあなたが私を好きだということを知っている」といいました。「あなたは親が好きである」。これは属性付与です。親からこのようにいわれて、「好きではない」と多くの子どもはいえないでしょう。「好きではない」と子どもが答えた時に、それを受け入れる親も多くないかもしれません。

「私はあなたが私を好きだということを知っている」という親の言葉は、事実上「私を好きになりなさい」という命令です。「好きではないの」とたずねられた時に、本当は好きではないかもしれないと思っても、その気持ちを封印してしまいます。

レインが例にあげる別の親は子どもが「好きではない」と答えた時に、子どもを平手で叩きました。ひどい対応だと思う人は多いかもしれませんが、子どもは親に叩かれた瞬間、親による属性化から自由になり、親に好きでないということで親から分離した「独立した人格」になることができたのです。依存から脱し、自立の一歩を踏み出しました。

それまで、親は子どもに賢いという属性を与えてきました。従順な子どもだとか、あなたは優しい子どもだともいっていたでしょうが、子どもが親にそのように属性化されることを拒んだ時、親はそれを受け入れることができず、思わず子どもを叩いてしまいました。

親はこのように怒り、また悲しむかもしれませんが、子どもは親の期待に応《こた》え、喜ばせようとする必要はありません。子どもが親の属性化を拒み、親もそれを受け入れたら、それまであった親と子どもの一体感がなくなり、親も子どもも孤独になるかもしれませんが、親から自立し自由を手にするためには、これは必要な手続きなのです。

親が子どもに、自分にとって好ましい属性を与えるのは子どもを支配するためです。子どもも、親から与えられた属性に自分を合わせて生きれば楽かもしれませんが、子どもはいつか親から自立しなければならないので、子どもが親に反発するのは好ましいことなのです。

子どもが親に背こうとするのに親が好きではないのとたずねたり、叩いたりする様子は、恋人やパートナーに嫉妬して自分から離れていくのを引き止めようとする人のようです。共通しているのは、相手に依存しているところです。

嫉妬する人は相手に依存します。しかし、そうすることで実は相手を支配しようとしています。相手に依存しないで、また支配もしない関係は一言でいえば、自立した関係です。二人が自立していれば、嫉妬が入り込む余地はありません。

個性的な人になる

ありのままの自分でいるというのは、他の誰にも代えられない自分自身でいるという意味です。「人格」や「個性」という言葉もここまでのところで使ってきました。自分を様々な属性で表すことができますが、属性は自分に属する性質であって自分自身ではありません。属性は他者と比べることができますが、個性は属性のように他者と比べることはできません。

他の人も持ち、比べられるような一般的な属性ではなく、他の誰とも比べることができない個性に注目すれば、他の人と比べることから起きる嫉妬や妬みから自由になれます。

それでは、どうしたら個性的な人、個人になり、自信を持てるようになるのでしょうか。まず、属性に注目すると個性をなくす、個性的ではなくなることを知らなければなりません。自分を属性に合わせようとしてしまうからです。

例えば、自分は優秀であると思っている人は、他の人からもそういわれるようになると、その優秀であるという属性に自分を合わせなければならなくなります。自分を属性に合わせようとすると、他の人からどう思われるかばかりが気になります。そのため、いうべきことをいえなくなったり、目立つことを恐れるようになったりします。わざわざ人とぶつかる必要はありませんし、人から嫌われようと思う必要もありませんが、他の人からよく思われたいと思って、自分が自分でなくなり、個性をなくしてまで生きることに意味はありません。

属性に合わせるというのは、個人として考え、行動するのをやめ、自分に与えられた職責を果たすということでもあります。上司から命じられたことが明らかに間違っていても反論できなかったり、何をしなければならないかがわかっていても、自分では何も決められないことがあります。

私が高校生の時に教わったある先生は戦前、女学校の校長でしたが、戦後公職追放になりました。ある日の授業で、どんな文脈での話だったか覚えていないのですが、自分よりも上の者たちは追放されなかった、公務員だから上司の命令に従うしかなかったと先生が話すのを聞いて、私はそれは違うと思いました。上司の命令に逆らうことが困難な時代で、結果的に先生は戦争に加担することになっても仕方ないと割り切るしかなかったのだろうと今は理解しているのですが、今の時代もいわば生活を人質に取られていれば、職場で不正が行われていても、黙ってしまうことになります。上司に従う部下という属性に自分を合わせてしまうと、個人として考え行動することができなくなります。この場合も、自分の責任を果たさないために、個人になってはいけないと思うのです。

それでは、どうすれば、個人として振る舞う自信を持てるようになるでしょうか。三木は次のようにいっています。

「自信は如何にして生ずるのであるか。自分で物を作ることによって。嫉妬からは何物も作られない。人間は物を作ることによって自己を作り、かくて個性になる。個性的な人間ほど嫉妬的でない。個性を離れて幸福が存在しないことはこの事実からも理解されるであろう」（『人生論ノート』）

何か物を作るような仕事をすれば、結果が出て、それに対して評価されることを恐れてためらってしまいます。しかし、それを恐れていたら何もできないことになります。嫉妬が「不生産的な情念」であると三木がいっていることは先に見ましたが、嫉妬（妬み）は何も生み出しません。妬む人は仕事にブレーキをかけるからです。

他者の成功を喜べず妬む人は、自分も仕事をすれば結果が出て、自分が妬む人よりも低い評価を受けることがあります。そのような事態を避けなければなりません。そこで、妬む人は、自分にも才能があったら、また、幸運に恵まれていたら成功するだろうにと思います。このように仮定の中で生きているのですが、何もしないという意味で「嫉妬からは何物も作られない」のです。

この「物を作る」というのは、文字通りの意味だけではありません。三木は次のようにいっています。

「人間は環境を形成することによって自己を形成してゆく、――これが我々の生活の根本的な形式である。我々の行為はすべて形成作用の意味をもっている。形成するとは物を作ることであり、（中略）その形を変えて新しい形のものにすることである」（『哲学入門』）

ここでは「環境を形成する」ことが「物を作る」ことです。環境を形成するとは、環境に働きかけるということですが、その環境は自然だけではありません。

「我々がそこにいて、そこで働くこの世界は、環境と呼ばれている。環境というと普通に先ず自然が考えられるが、自然のみでなく社会もまた我々の環境である」（前掲書）

人は住んでいる土地、そこにある動植物、太陽、水、空気などから絶えず影響を受けます。その意味で、人間は環境から作られますが、他方、人間は植物を栽培し、動物を飼育し、川に堤防を築き、山にトンネルを通すなどして環境を作ります。

三木は、「自然のみでなく社会も我々の環境である」といっています。社会の最小の単位は「私」と「あなた」ですが、対人関係の中に人は生きています。

三木は「人間と環境とは、人間は環境から働きかけられ逆に環境に働き掛けられるという関係に立っている」ともいっています（前掲書）。対人関係としての環境に働きかけることが、なぜ自己を形成することになるのか。「私」は「あなた」に働きかけ、「あなた」も「私」に働きかけることで、社会を作っていくのです。働きかけは一方的なものではありません。

対人関係は相互的なものなので、他者に働きかければ、対人関係のあり方は必ず変わります。実際、時間的には後から既にあった対人関係（環境）の中に入っていけば、自分がいなかった環境はもはや存在しなくなり、たとえ特に何かをしなくても、環境を形成していくことになります。会社に入った人は、時間的には既に存在していた会社に入るのですが、その時点で、自分が入った会社はもはや存在しないことを知らなければなりません。配属された部署に時間的には後から入っていくのですが、自分が入った瞬間からその部署の対人関係のあり方は違ってきます。上司の指示に従ってばかりいるのではなく、自分の創意工夫で動くことで、会社という社会環境に働きかける経験を重ねる中で自己を形成していき、自信をつけていくのです。

また、愛し合っている二人であれば、もはや相手を知らなかった時に戻ることはできません。二人が関係を築く努力をしないと、私とあなたから形成される環境は形成されず、その中で個性を持った個人になれなければ幸福になることもできないのです。

三木は先の引用に続けて、次のようにいっています。

「このように環境から働き掛けられながら同時に自己を失うことなくどこまでも独立な、自立的な、自己集中的なものであるという関係が存在しなければならぬ」（前掲書）

人から働きかけられることで影響は受けますが、自己を失ってはいけないのです。「独立の個体」（前掲書）であるためには、譲れぬ自分を持っていなければなりません。他者から働きかけられても容易に動じないで変わらない自分であることも、他者からの働きかけによって自己を形成することであり、その過程で「個性」や「自信」も生まれてくるのです。

三木はここで「自立」という言葉を使っていますが、他者からの働きかけに従ってばかりいる人は依存的な人であるといわなければなりません。

現実に働きかける

三木は物を作るということを「原始的な意味」でも使っています。

「知識人というのは、原始的な意味においては、物を作り得る人間のことであった。他の人間の作り得ないものを作り得る人間が知識人であった。知識人のこの原始的な意味を我々はもう一度はっきり我々の心に思い浮べることが必要であると思う。

ホメロスの英雄たちは自分で手工業を行った。エウマイオスは自分で革を截断《せつだん》して履物を作ったといわれ、オデュッセウスは非常に器用な大工で指物師《さしものし》であったように記されている。我々にとってこれは羨望《せんぼう》に値することではないであろうか」（『人生論ノート』）

エウマイオスは主人のオデュッセウスから豚の飼育を任されている忠僕《ちゅうぼく》です。彼は牧場に石垣を巡らせた立派な中庭を築き、牛皮を加工して自分の履くサンダルを作りました。

知識人がこのエウマイオスのように物を作りうるというのは、ただ世界を観照《かんしょう》するだけでなく、現実に働きかけなければならないという意味です。古代ギリシアの知識人は法律を作りました。例えば、ソロンはアテナイの法律を作ったとされています。すべてを一人で作ったわけではなく、旧来の法制度を改革したという意味でしょうが。

以前は、法は神が与えるものと思われていたのですが、ソフィスト（古代ギリシアの職業的教育家）がポリス（都市国家）のために法の制定を依頼されることがあったり、また他国との交流によって異国の風習などが知られるに及んで、法律についての考え方が変わりました。それまで絶対的だと思われていた法や風習が、実は時と場所によって異なる相対的なものにすぎないことが知られ始めることになったからです。このように、知識人は法律を制定するという形で「物を作り得る人間」でした。

三木がここで「我々にとってこれは羨望に値することではないであろうか」（前掲書）というのは、ギリシアの知識人は法律を作るという仕方で現実に働きかけることができたのですが、三木の生きた時代——そして現代においても——知識人は現実に働きかける力をもはや持てなくなったという意味です。

現実に働きかけることができたギリシアの知識人を見て、「羨望」するだけに終わることなく、できることをしていかなければなりません。

自尊感情を高める

広義では、教育も「物を作る」ことです。教育はただ知識を与えるだけではなく、「個性的な人間」（前掲書）を育てなければなりません。

アドラーは、「自尊感情を高める活動を作り出すことを試みなければならない」（『性格の心理学』）といっていますが、「自尊感情を高める」のが教育者の仕事です。この教育者には学校の教師のみならず、親はいうまでもなく、職場の上司も含みます。

「もしも自尊心を増せば、勇気は自《おの》ずとやってくるだろう」（『子どものライフスタイル』）

また、アドラーは次のようにもいっています。

「自分に価値があると思える時にだけ、勇気を持てる」（*Adler Speaks*）

ここでアドラーがいう「勇気」は、まず、仕事に取り組む勇気、対人関係の中に入っていく勇気ですが、仕事についていえば、自分が有能であると思え、仕事を成し遂げることができるという自信がなければ、仕事に取り組もうとは思えません。勉強も同じです。

自信を持てたら、試験や仕事に取り組まなければならず、取り組むと結果が出ます。自信のある人であれば、何のためらいもなく、試験を受け仕事に取り組むでしょうが、自信がなければ結果が出ることを恐れます。

結果を出さないためには、試験を受けたり仕事をしたりしなければいいのです。少なくとも、十分頑張らなければ、もっと頑張っていたらいい結果を出せたのにといえます。勉強や仕事に取り組まないためには理由が必要です。自分には能力がないとか、またあまりに優秀な人がいれば、その人を妬み、その人と自分を比べ自分には能力がないと思わなければなりません。

だから、自信を持たないでおこうと決めている人に、自信を持てる援助をするのは容易なことではないので、「自尊心を増せば、勇気は自ずとやってくる」（『子どものライフスタイル』）とは簡単にいえませんが、少なくとも、いい結果を出せなかった人がいても、頭ごなしで叱りつけるようなことをしてしまうと、自分は有能でないと思おうとした人は、本当にそうなのだと思って自尊心を失うことになってしまいます。そのような人にとって、叱られることはむしろ望むところなのです。

これは、いい結果を出せなくても大目に見るということではありませんし、いい結果を出せなかったことには、あくまでも部下自身に責任があります。しかし、部下の失敗は上司の指導が十分ではなかったからでもあるので、そのことを棚上げにして叱ろうものなら、部下は自尊心を失ってしまい、上司や教師を「敵」と見なすことになります。

このことは、他者をどう見るかということが仕事だけでなく、この人生をどう生きるかに大きな影響を与えることになります。間違ったり失敗した時にいつも叱られ、自分には能力がないと思っている人が、たった一人でも「敵」ではなく、「仲間」でいると思えたら、他者についての見方が変わるきっかけになるからです。

なぜ他者を仲間と思う必要があるかといえば、人は一人で生きているわけではなく、他者とのつながりの中で、ただ与えられるだけなく、与えていかなければならないからです。

他者を仲間と思えるからこそ、他者に貢献しようと思え、貢献感を持てた時、嫉妬や妬みから自由になることができます。他者から与えられることではなく、貢献、与える人にとっては、他者と自分を比べて妬んだり、どうすれば愛されるだろう、つまり与えられるだろうかというようなことは考えなくなるからです。

アドラーが「自分に価値があると思える時にだけ、勇気を持てる」（*Adler Speaks*）という時の、勇気のもう一つの意味は、対人関係に入っていく勇気です。対人関係に入ると、何らかの摩擦が生じないわけにいかず、傷つけられるようなことは起こります。だから、対人関係に入っていくのには勇気がいるのですが、それでも生きる喜びや幸福は対人関係の中でしか得ることはできません。

対人関係に入っていく勇気を持つためには自分に価値があると思えなければなりませんが、これは端的にいえば、自分が好きであるということです。しかし、多くの人は子どもの頃から親や教師から叱られ、自分のことが好きではなくなっています。そこで、自分でも自分が好きになれないのに、どうして他の人が自分を好きになってくれるだろうかというようなことを考えて、対人関係に入っていくのをためらうのです。

「自分」に価値があると思えること

対人関係に入っていく勇気を持つために必要な価値は、例えば勉強や仕事ができるというようなことではなく、いわば全人的価値でなければなりません。勉強や仕事をする能力、また外見、容姿などの「属性」は、他者との比較で容易に価値を失ってしまいます。

アドラーが、「自分」に価値があると思える時にだけ、勇気を持てるといっているのはそういう意味です。これを、これまで使ってきた言葉でいえば「個性」です。自分自身に、「個性」に価値があると思えたら、他者と比べなくてすみます。

自分の価値は他の誰にも代えることができない自分自身、つまり個性にあると思えない人は、自分の属性にばかり目を向けます。学歴にこだわる人が代表的です。しかし、学歴は自分の価値や本質とは関係ありません。他ならぬ自分ではなく、一般的な人としての自分が他者から受ける評価が気になって仕方ないのです。それゆえ、たずねられもしないのに、どの大学を出たといい、それを聞いた人に自分が優秀であると思ってほしいのです。本当に優秀な人はただ優秀なので、学歴を吹聴したりしません。

自分自身に価値があると思えるというのは、自分が生きていることがそれだけで価値があると思えるということです。このようにいうことがあまりに唐突で、そのように思うことが難しいとすれば、子どもの頃から人の価値を生産性で見ることが当然である社会の中に生きてきたからです。そのような社会では「存在」ではなく、「行為」、つまり何を成し遂げたかによって自分の価値が決まると多くの人が思っています。その意味での価値がない人を社会から排除しようとする人がいます。そのような人は自分もまた歳を重ね、また若くても病気などで身体を自由に動かせなくなることなど考えたことがないのかもしれません。

生きていることに価値があるというのは突拍子もないことをいっているわけではありません。幼い子どもは何もしていなくても、まわりの大人に幸福と喜びを与えます。何もしていないから価値がないと思う人はいないでしょう。子どもが生きているだけで価値があるのであれば、大人もまた同じであっていけない理由はありません。

子どもはやがて大人の援助がなければ片時も生きられなかった状態を脱し、大抵のことを自力でできるようになります。大人になって働くようになった時に、成し遂げることで他者に貢献することは当然できますが、それでも、基本は生きていることです。生きていることに価値があり、生きていることで他者に貢献できるのは、子どもの時と同じです。

属性は相対的な価値なので、ずっと保てるわけではありません。歳を重ねればできなくなることも増えていきます。だからこのように考えてみればいいのです。何かをできる時はそれをすることで自分に価値があると考えてもいいのですが、病気や高齢のために何もできなくなったからといって、自分に価値がなくなるわけではありません。つまり、価値は絶対的なものであり、絶対的な価値は行為では測れず、存在の次元での価値は他者と比較することはできないということです。

自信を持つためにできること

仕事は必ず評価されますが、それとは別に、自分の仕事の価値を他者から評価されようとされまいと、自分で認めることが必要です。他者の仕事と比べる必要はありません。誰とも比べることができない、その意味で個性的な仕事ができるようになれば、他の人を妬むことも妬まれることもなくなります。

仕事でいい結果を出した人を妬む人は、自分がいい結果を出せなかった時に人からどう思われるか、気にかけます。妬む人は仕事についてどう評価されるかだけではなく、自分が仕事ができない人であると評価されることも恐れます。

そうならないためには、他の人にどう思われるかを気にしないことです。思うような結果を出せないことはあります。そのことで自分の評価が下がるのではないかと思うかもしれませんが、同僚がいい結果を出せなかったとしても、そんなふうに見る人は普通はいないでしょう。仕事は競争するものだと思っている人は同僚の失敗を喜ぶかもしれませんが、そんな人は多くありません、そんなことはない、まわりは敵ばかりだと思う人は競争社会の常識や価値観に絡《から》めとられているのです。他の人がいい結果を出せなかった時、自分はどうするだろうかと考えてみればいいのです。他の人を馬鹿にしたりはしないでしょうし、むしろ、次はいい結果を出せるように、自分にできることがあれば援助し応援しようと思うのではありませんか。上司も、失敗した時に頭ごなしに叱りつけるような人ばかりではないはずです。

自分としては、次の機会はいい結果を出せるように頑張るしかありません。人からどう思われるかを気にするのは、課題に取り組むことのブレーキにしかなりません。

他者に協力する

どんな仕事も協力しなければ成し遂げることはできません。失敗する恐れがあれば、なおさら他者からの協力が必要であり、自分も、失敗した人に協力しなければなりません。

他者を妬む人は競争することはあっても、協力しようとしません。競争することしか知らない人は協力することを知りません。他のきょうだいに嫉妬し敵と見なす第一子に協力を教えることは難しい、とアドラーはいいます（*Adler Speaks*）。

協力できるためには、対等であると感じなければなりません。自分が特別であると思っている人は、対等とはどういうことかを理解できず、協力することができません。

ある中学生が医師に、看護師や検査技師のような裏方と一緒に仕事をしていくことの重要性とは何かという質問をしました。その質問に、医師はそれはいい質問だといった後で、次のように答えました。

「看護師や技師は『裏方』ではないということが重要だね」

今はそれぞれの専門医療従事者が連携してチームとして治療やケアを行っているので、この中学生が考えたように、他の医療従事者は決して裏方ではありません。ことさらチーム医療というような言い方をしない従前の医療現場であっても、医師が一人で治療することはできないので、スタッフとの協力関係は必要不可欠です。

将来、医師になろうとしていた成績のいいその中学生は、医師になれば「表」に立てると思っていたのでしょう。どんな職場でも、職責が違うだけで、表も裏も、また上も下もりません。対等であるという意識を持てなければ、協力することはできないのです。

他者に貢献する

あるテレビドラマで法曹《ほうそう》資格を取るために、仲間が一緒に勉強する場面が出てきました。競争するのが当然だと思っている人であれば、一緒に勉強する仲間もライバルだと思うかもしれません。

韓国の伝統的な格闘技であるシルムの競技者が、自分が試合で勝負することになっている人に、どうすれば勝てるかを教える話をドラマで見たことがあります。教えた人はその技を覚えた人に負かされます。スポーツの世界ではありえない話なのでしょうが、協力することを知っている人であれば、このようなことをしてもおかしくはありません。勝ちさえすれば何をしてもいいと考える方が問題です。

学校の勉強でも同じことが起きます。アドラーは賢い子どもがクラスの中にいることが必要だといいます。同じクラスで一緒に学んでいた仲間が受験直前に亡くなった時に、これでライバルが一人減ったといった人がいたという話を聞き、驚いたことがあります。

「賢い子どもが、課外学習、例えば、絵画や音楽等々に時間を費やせば役に立つだろう。

賢い子どもがこのようにして学ぶことは、クラス全体に益がある。他の子どもたちを刺激するからである。クラスからよくできる生徒をいなくするのはいい考えではない」(『子どもの教育』)

クラスの中にこのような子どもがいれば、その子どもから刺激を受け、クラス全体が進歩します。アドラーは「賢い子ども」という言葉を使っていますが、「誰でも何でも成し遂げることができる」(『個人心理学講義』)という「天才児の気勢を削ぐ民主的な格率《かくりつ》」(前掲書)を採用するアドラーは、才能が遺伝するという考えを否定し、適切な教育を受ければ誰もが力を発揮できると考えます。勉強ができるのは才能ではなく努力の結果だと知っている子どもは、「自惚《うぬぼ》れたり、過度に野心を持つ」ことはないとアドラーはいいます。

他方、「天才児」は「いつも期待されているという重圧を担い、常に前へと押し出され、あまりに自分自身のことに関心を持っている」ので、他の子どもに協力しようとは考えません。

「人は教えている間、学んでいる」(Dum docent discunt) というラテン語の諺があります。勉強が先に進んでいる子どもは、そうでない子どもに教えなければなりません。そうすることを嫌がる子どもがいれば、教えることを損だと思ってはいけないと教える必要があります。教師も親も生徒、子どもが勉強を他者との競争と見ることがないようにしなければなりません。

「子どもたちは他の子どもたちが自分よりも先に進むのを見たくない。そこで競争者に追いつくまで労を惜しまないか、あるいは、逆戻りして失望し、自己欺瞞《ぎまん》に陥ってしまう」(『子どもの教育』)

勉強を競争だと思っている子どもは勉強しますが、勝つためではなく、「追いつくまで」頑張るのです。勉強を競争だと見ている大人はそんなことでは駄目だ、勝たなくてはいけないといいたくなるかもしれませんが、そもそも勉強は競争ではありません。他の子どもに勝てないと思った子どもは勉強しなくなるということです。「逆戻りして失望し、自己欺瞞に陥ってしまう」のは、勝てないと思った子どもは勉強しようとしなくなるということです。いい成績を取りたいのであれば、頑張るしかありませんが、少なくとも、一生懸命勉強しないで、後になってもっと頑張っていたらいい成績を取れただろうといいます。勉強は競争ではありませんが、勝てないのなら勉強しないのは間違いだといっているのです。

勉強はただ自分のためだけにするものではありません。ただ知識を身につけ入学試験に合格するために勉強するのでもありません。働くようになってからも同じです。一言でいえば、他者に貢献するために勉強するということを知っている子どもは、競争するために勉強をしません。勉強に努力は必要で、時に苦しいことはありますが、他者に貢献するために勉強するということを知っていれば、努力を止めることはないでしょう。教師も親も、子どもたちを競争ではなく、協力するようにしなければなりません。そういうことを教えられずに大人になった人は、今からでも仕事が競争ではないことを知らなければなりません。

教育者として貢献する

学校の教師だけなく、職場の上司も教育者であることは先に見ました。持っている知識が何かのものを作り出すだけでなく、人を育てることが教育です。

自分が大変な努力をして成し遂げたことを自分の部下や生徒、学生が難なく成し遂げたのを見て妬む人がいます。そのような人は自分の成し遂げた貢献を認めることができないのです。学生や部下が自分を超えるのは自分が教育者として優秀だったからなので、妬むのはおかしいのです。

教育というのは、教えを受けた人が教師を超えるのでなければ意味がありません。つまり、教師が有能でなければ、生徒や学生は伸びません。部下が失敗ばかりして成績が伸びないとしたら、上司が教育者として有能ではないということです。だから、部下を叱りつけることは、自分が教育者として無能であるといっているようなものです。

私は若い頃、大学で古代ギリシア語を教えていました。四月にアルファベットを学ぶところから始め、文法書をやり終えた後、十一月からはプラトンの『ソクラテスの弁明』を学生と一緒に読みました。

私がプラトンの原書を読めるようになるまでには三年ほどかかったのですが、学生たちは半年あまり勉強しただけで、プラトンの原書を読めるようになりました。学生が難解なギリシア語のテキストを読めるようになったのを見ても、私は妬むことはありませんでした。なぜかというと、学生の教師（つまり、私）が私の教師よりも優秀だったからです。そんなふうに思えることが妬みから自由になるために必要です。

惜しみなく与える

競争するのではなく協力し、他者に与えれば貢献感を持つことができます。そして、貢献感を持てた時、自分に価値があると思えます。しかし、他者と競争することばかり考えている人は、他者に与えることは損であると思います。

そのような人は、「与える」（give）ことは何かを諦める（give up）ことであり、与えると自分が貧しくなると考えます（Fromm, *Man for Himself*）。そこで、そのように考える人は、他の人に何も与えようとしないか、与えるとしても見返りがある時にしか与えない。フロムはこのような人を「非生産的」な性格の人といいます。

他方、「生産的」な性格の人は、与えることにまったく違う意味を見出します。「生産的」とはフロムの言葉で、「創造的」「自発的」という意味です。生産的な性格の人は、与えるという行為によって、貧しくなるどころか、自分が強く、豊かで、力があることを経験します。

アドラーは、貪欲（吝嗇《りんしょく》）は、妬みと近く、大抵はそれと結びついているといっています（『性格の心理学』）。この貪欲はお金を蓄《たくわ》えることに限定される貪欲ではありません。「誰かが他の人を喜ばせる気になれず、したがって、全体や個人のために献身することを惜しみ、わずかな財産を守るために、自分のまわりに壁を高く積み上げることに本質的に表現される広く見られる形の貪欲である」（前掲書）

自分にないものを持っている人を見た時に妬みは起きますが、他の人よりも多くのものを持っていても、他の人に及ばないと感じ、妬むことがあるとアドラーは指摘していま す。このような人が他の人に与えられることが自分を豊かにするとわかれば、妬むことはなくなります。

愛は強制できないことを知る

嫉妬する人は、愛することではなく、愛されることが重要だと思っています。嫉妬する人でなくても、多くの人は愛はフロムが指摘しているように対象の問題であり、出会いさえあれば、それだけで恋愛は成就すると考えています。

しかも、愛されることしか考えていませんが、愛は愛されることではなく、愛する能力の問題であるとフロムはいいます（*The Art of Loving*）。相手さえいれば、それが愛のゴールであると思いたい人は多いでしょうが、出会いは終着点ではなく始まりでしかないので、関係をよくする努力を続けなければなりません。問題はどうすれば関係をよくできるかを知らないということです。

嫉妬する人は、もはや前のように愛されなくなったと思って嫉妬します。自分が願うような仕方と程度で愛されなくなると、それまで以上に愛されようとします。このように、愛されたいと思っている限り、関係は依存的になります。

相手が自分を愛してくれるかどうかは相手に任せるしかありません。自分が選ばれないかもしれません。相手を愛することはできますが、誰を愛するかという決定権は相手にあるので、自分が愛されるかどうかはわかりません。

自分が好きな人に愛されるようになったとしても、愛されるように相手に合わせた結果愛されたのだとしたら、自分が自分ではなくなります。先に使った言葉でいうならば、相手が自分に与える属性に自分を合わせ、いいところだけを相手に見せるというような努力をいつまでも続けることは困難です。愛されるために自分を変えても意味がないのです。

それでも、このようにしてでも愛されていると思っている間は、嫉妬することもありません。しかし、相手の愛情が自分から離れていくように見えた時、相手が自分から離れていくことを恐れ、自分から離れていかないよう哀願し、それが功を奏さなければ、怒りをぶつけて引き止めようとします。この時の関係は支配的になります。相手が離れていかなければということですが。

しかし、こうして相手に自分を愛することを強い、相手が離れていかなかったとしても、強いられた愛が長続きすることはありません。今度は、相手が無理に合わせていることになります。相手に自分を愛させようと思っても、相手からいえば自発的でない、つまり、愛する決心で始まる愛は長く続きません。

嫉妬する人がこのように相手を引き止めようとすることから、嫉妬する人は積極的に見えますが、愛されることが重要だと思っている人は、愛を受動的なものとして捉えています。フロムは次のようにいっています。

「愛は生産的な活動であって、愛の中に立つ、あるいは愛の中を歩くことができるだけで、愛に落ちることはできない。落ちることは受動性を意味するからである」（*To Have or To Be?*）

「愛の中を歩く」ことをしなくても、愛されていると思えている間は幸福感に満たされるかもしれませんが、一旦、愛されていないのではないかと思い始めると、嫉妬するようになり、相手に愛することを強います。

嫉妬することで相手を愛させようとする人は、愛することがどうすることかを知りません。そのような人は破綻するかもしれない予感があるので、引き止めたいと思っているでしょうが、束縛してみたところで、また、「私を愛しなさい」といってみたところで、自分を愛させ相手の心を繋《つな》ぎ止めることはできません。愛を強制することはできないのです。

愛することだけを考える

嫉妬する人は、愛するのでなく、愛されることを願っていることを見てきましたが、愛することができれば嫉妬から自由になれます。

マーカス・フィスターの『にじいろのさかな』は、青く深い遠くの海に住む「にじうお」と呼ばれる魚の話です。にじうおは虹のように様々な色合いのウロコをつけていました。その中のキラキラ輝く銀のウロコを見た魚は一枚おくれというのですが、にじうおは断りました。

この話が広まると、誰もにじうおに関わろうとしなくなりました。にじうおがくると、皆そっぽを向きました。海の中で一番寂しい魚になってしまったのです。

目の眩《くら》むような輝くウロコを持っていても、誰にもほめてもらえなければ何の役に立つというのか。にじうおはたこに相談しました。たこはウロコを一枚ずつ他の魚に与えるよう助言しました。ウロコを与えたらきれいな魚ではなくなるが、幸せになれる。そうたこはいうのですが、輝くウロコがなくなったらどうやって幸せになれるのか、にじうおは困惑します。

しかし、いわれた通りに、他の魚にウロコを与えると不思議な気持ちに襲われました。与えれば与えるほど嬉しくなったのです。ついに残っているのは最後の一枚になりましたが、にじうおは幸せでした。にじうおは初めは他の魚に与えることを拒みましたが、与えることで自分の強さ、豊かさ、力を経験し、それにより喜びを感じるようになったのです。

ところで、にじうおは何を与えたのか。たこは、それを与えれば「いちばん　きれいなさかなではなくなる」といいます。きれいであることは「属性」です。属性はそれを所有する人に「属する」ものですが、本質ではありません。それを失っても本質には変わりはありません。加齢と共に美を失っても、別の人になるわけではないということです。

にじうおは属性を他の魚に与えたのではありません。輝くウロコを自分は持っていないので、にじうおを妬んだ魚もいたかもしれませんが、それを与えたからにじうおは幸せを感じたのではありません。

フロムは、生産的な人は自分自身、自分のもっとも重要なもの、つまり「生命」を与えるといいます（*To Have or To Be?*）。もちろん、これは文字通り生命を捧げることではありません。自分の中に息づいている喜びは自分を活気づけるが、それを与えた他者をも活気づける。にじうおの輝くウロコは生命の象徴です。

愛においては、相手の中に愛を「生産」します。フロムは、相手の中に愛を与える、つまり「生産」すれば自分に返ってくるというのですが、愛をものの授受のように考える人がいう、「愛はギブ・アンド・テイクである」とは違います。

与えることはそれだけで完結します。愛をギブ・アンド・テイクとしか見られない人は、相手を愛しているのに愛されないと不満に思い、愛してくれない相手に嫉妬したり怒りすら感じたりします。これだけのことをしたのに、何も返さないと思う人も同じです。目に見えた仕方で返ってくるのでなくても、与えることが自己完結的であると知っている人は与えるだけで満たされます。それが「返ってくる」ということの本来の意味です。愛することの見返りがなくても、愛した人から愛されようが愛されまいが返ってきます。

今の社会は競争することが当然とされ、このような社会では報いもなく与えることなどありえない、と多くの人は考えているでしょう。与えることは損になるので、せめてギブ・アンド・テイクでなければならないのです。

嫉妬する人は愛されたいと思っています。愛している人も、自分が愛したのと同じだけ愛されたいと思います。ギブ・アンド・テイクの原則が崩れた時、つまり愛されて当然なのに愛されなくなったと思った時に、嫉妬するのです。

また、愛でなくても、自分が持っていない特権を得ている、あるいは、自分が持っているものが、他の人のものよりも劣っていると見た時に反発します。

しかし、必要な人が援助されるというだけであって、自分が与えられないことを不公平に思うのはおかしいでしょう。もしも自分が援助できる立場であれば、与えた分だけ返ってくるのが当然とは思わないでしょう。

愛されるのではなく愛する努力をする

それでは、どうすればいいのか。愛されたいと思っている人に、どんな時に愛されていると思うかとたずねると、「愛されていると思える時」という答えが返ってきます。そうであるならば、多くの場合、相手も愛されたいと思っているので、愛されたいのであれば、相手を愛すればいいのです。

ただし、ギブ・アンド・テイクではありません。相手を愛すれば、自分が愛されていると思った相手が自分を愛するというだけであって、私はあなたを愛するから、あなたも私を愛してとはいえません。まして、私はあなたをこれだけ愛しているから、同じだけ私を愛してとはいえないのです。

愛されることではなく愛することが重要であるなら、嫉妬は恋愛において自明ではない、つまり、愛しているから嫉妬するとか、嫉妬されないと愛されている気がしないということは当然とはいえません。

愛されたいのであれば、愛される努力をしなければならないのに、そのようなことはしようとはしないで、嫉妬することで相手を支配しようとしたら、その結果、相手の心は離れていきます。しかし、そうすることで相手の気持ちが自分から離れることになっても、相手を支配することで優位に立てればそれでいいと思う人もいますが、その優位に立つ相手がいなくなれば元も子もないことになります。

相手の人生が豊かになることを喜ぶ

嫉妬する人は自分にしか関心がありません。どうすれば愛されるかということばかり考えているので、少しでも自分が愛されていない兆候を見つけると、激しく嫉妬し、相手に愛させようとします。

アドラーは、愛を確立する唯一の方法は「他の人の人生を豊かにし、安楽にするということ」であるといっています（*Adler Speaks*）。ここでアドラーが「自分の」人生を豊かにし、安楽にするといっていないことに注意しなければなりません。この人は私の人生を豊かにしてくれるだろうかと、相手から得る（get）ことばかり考えるのは愛とはいえません。相手のために何ができるかと考えることが重要です。相手の人生が豊かになりさえすれば、たとえ、愛を失うことがあっても穏やかでいられるでしょう。相手の幸福をどうして愛する人が望まないことがあるでしょう。そのような人にとっては、嫉妬するというようなことは考えられないのです。

自由の中で生きる

自分の価値は他者との比較で決まるのではありません。他の誰とも違う自分の個性を認めることができれば、自分が愛する人を好きになる人と競うこともなくなり、結果として相手を縛ったりもしなくなります。

先に、どんな時に愛されていると思うかといえば愛されていると思える時であるということを見ましたが、自分が自由でいられると感じられる時にも愛されていると感じるのではないでしょうか。出かける時、普通は相手に、自分は何をしにどこに行き、誰と会うかというでしょうが、詰問されるとかえっていいたくなくなるという人はいるでしょう。信頼されていないと思うからです。

嫉妬して相手の自由を奪おうとして相手が去ってしまったということをこれまで経験した人でも、嫉妬すれば相手が自分のもとにいてくれるのではないかという希望を捨てられないので、いつまでも嫉妬するのをやめられません。嫉妬すれば愛されなくなり、ついには相手が去ってしまうことになるのを本当には知らないのです。

これまでとは違うことをするには勇気がいります。しかし、これまでと同じことをすれば、同じことが起こるのですから、違うことを試みる価値はあります。ただし、問題がないわけではありません。

先に森有正が「愛は自由を求めるが、自由は必然的にその危機を深める」(『砂漠に向かって』)といっていることを見ました。自由が愛の危機を「必然的」に深めるわけではありません。自由を制限することが愛を損なうのであり、自由だからといって必ず愛の危機が深まるわけではありません。

他者に依存するのをやめる

愛されたいと願う人はどうしても相手に依存することになりますが、依存すると対等な関係を築くことはできません。先にも引きましたが、三木は次のようにいっています。

「この愛情に於て私と汝とは平均化され一様化されるのでなく、却って私と汝とは独立の人格として認められつつ結び付くのである」(『哲学的人間学』)

嫉妬する人は相手をものとして見ようとしていることを先に見ましたが、そのように見たいのは、相手の思いが変わることを恐れるからです。嫉妬する人は、相手を自分のものとして所有し支配しようとします。しかし、その時、相手を「独立した人格」とは見ていないのです。

フランソワーズ・サガンの『ブラームスはお好き』の主人公は、ポールという室内装飾家の女性ですが、弁護士の研修中であるシモンという若い男性に心惹かれていきます。シモンは「十二時に電話するわね」といわれたら、ずっと待つような青年です。一時になっても電話がつながらないと、電話局に電話をして、故障してないか問い合わせをします。

これはシモンの優しさだが、彼の我慢ならぬところでもあるとポールは思います。彼は一日中、彼女の帰りを待ち続けているのです。

たとえ好きな人がいるとしても、その人の人生に依存しないようにしなければ、対等な関係を築くことはできません。好きな人に愛されたいと思う人は、相手に依存することになってしまいます。依存しないで生きることができれば、相手の行動が常に気にかかるというようなことはなくなるでしょう。

「シモン、このままじゃだめ。この話をするのもこれが最後よ。あなたは仕事をしなくちゃ。それに隠れて飲んでるわね」

愛は生きる喜びですが、「あるがままの心の傾き」によって他の何も手に付かないというようでは困ったことになります。

プラトンの『饗宴』の中で、喜劇作家のアリストパネスが次のような話をしています。昔の人間は今の人間とは違い、今の人間を背中合わせに二人くっつけた姿をしていました。手と足は四本、顔は前後に二つ、目は四つ、口は二つという具合です。このような人間は、力が強く、神々に従わないこともあったので、ゼウスは罰として、髪の毛でゆで卵を割るように、人間を二つに割ってしまいました。そのようにして、人間の力を弱めようとしたのです。

アリストパネスは、このようにして分けられた自分のもう一つの半分（ハーフ）を求め、一体性を回復しようとすることが愛であると考えました。よき配偶者という意味で使われる「ベターハーフ」という言葉は、このアリストパネスが語る話に由来しています。

一体性を回復した人間は、そのまま背中合わせで離れようとせず、寝食を忘れ、仕事もしないでそのまま死んでいくこともありました。そこで、ゼウスは、それまでは背中についていた生殖器を、抱き合った時に直接触れ合う面に持ってくることにしました。そして、それまでは、子どもを産むための行為は人間同士ではなく、地面の中にしていたのを、二人が抱き合う時に子どもが生まれるようにすることで、そこで結合の満足感を持てるようにしたのです。こうしたゼウスの配慮により、ようやく人間は常に抱き合い続けることをやめ、他の仕事ができるようになりました。

ゼウスの配慮以前の人間のように、恋愛だけにエネルギーを注ぎ、恋愛以外の対人関係を疎《おろそ》かにしていたら、気がつけば、まわりに誰もいなくなってしまいます。嫉妬する人が願っているのは、ライバルのいない二人だけの世界なのでしょうが。

共鳴する

とはいえ、二人が互いに愛するようになっても、相手に依存しないのであれば、相手に合わせたりはしないでしょうが、自立した二人の関係は付き合う以前の関係とどこが違っているのでしょうか。

誰かと付き合い始めたら、その前と同じではいられません。愛の関係においては近いので、他のどんな関係よりも互いに与える影響は大きいです。その影響は相互的で、相手から影響を受けて自分は変わり、相手も自分の影響で変わります。

自立とは、他者と無関係に生きることではありません。他者とのつながりにしか人は生きることはできませんが、他者とのつながりは支配関係でも依存関係でもなく、自分の完全性を保ったつながりなのです。

どうすれば誰かを支配したり誰かに依存したりしないで、しかも無関係ではなくつながることができるのか。それは、「共鳴」という仕方であれば可能です。他者に影響を与え、自分もまた相手から影響を受けるということです。

恋愛関係だけでなく、他の関係でも同じです。直接知らない人からも影響を受けることもあります。その人をライバルと見なして競うことも、妬む必要もありません。

よい兆候を見る

二人の関係は変わるものです。しかし、必ず悪い方に変わるわけではありません。それにもかかわらず、必ず悪くなると思っていると、相手の気持ちが離れていく兆候を、相手の言動の中にすぐに見てしまうことになります。これとは反対のこと、つまり、関係がよくなった兆候を見出す努力をすればいいのです。

例えば、前は片時も離れることができず、少しでも離れていると不安になり不断にメッセージを送り、すぐに返事がないとやきもきしていたけれども、今はそのようなことはなくなり、つき合い始めた最初の頃のような頻度で連絡がこなくなったとしても不安にならなくなったとしたら、それは関係が悪くなったのではなく、よくなったからだと考えることができます。

しかし、相手の関心が薄れたのでなく、離れていても心配しなくなったとすれば、自立したということであり、これは二人の関係がよくなったと見ることができます。

連絡が前ほどこなくなったというようなことを二人の関係の中で探せば、愛されなくなったと確信させるようなことはいくらでも見つかりますが、まずは最初は意識的に関係が悪くなったと思えるようなことを探すのをやめなければなりません。

子どもも大きくなれば、親から離れていきます。自力では何もできなかった子どもも、いつかは親から自立しなければなりません。親を嫌いになったり、反抗したりしなくても、子どもの親への思いは必ず変わり、親の子どもへの思いも変わります。

子どもが親から離れていこうとしているのに、親の方が子どもに依存するのをなかなかやめられないことがありますが、親が自分の人生を大事にするようになり、子どものことをあまり考えなくなったとしたら、それは親子の関係がよくなったということです。このように思って関係を見直せば、関係がよくなったことの証拠はいくらでも見つけることができます。

第六章

人生をどう生きるか

劣っていると考えない

ここまで、嫉妬や妬みがどんなもので、どんな問題があり、どうすれば自由になれるかを考えてきました。どちらも他の人と比べて劣等感が根底にあることも見てきましたが、そもそも劣等感を持たなければ、人生はもっと生きやすくなります。

アドラーは、誰でもある程度劣等感を持っているが、この劣等感に有用なものと有用でないものがあると考えています。有用でない劣等感は他者と比べた時に持つ劣等感です。劣等感に並べて「優越性の追求」(striving for superiority)という言葉も、アドラーは使っています。優れようと努力するという意味です。他者と比べ自分が劣っていると感じること、これが劣等感ですが、この状態から脱するために他の人よりも優れようとします。他者と競争して勝とうとするのは今の社会では一般的ですが、競争に負けた人はもとより、勝った人もいつまでも勝ち続けることはできないと思って戦々恐々としています。競争は精神的な健康をもっとも損ねます。

アドラーは、有用な劣等感もあると考えています。

「劣等感から優越感へと流れる精神生活の流れの全体が無意識のうちに起こる」(『人はなぜ神経症になるのか』)

他者と比較して劣等感を持つのでなく、「劣等感から優越感へと流れる」のであれば、劣等感は有用であり、優越性の追求も、他者より優れようとするのでなければ有用なものになります。

アドラーは、優越性の追求について次のようにいっています。

「すべての人を動機づけ、われわれがわれわれの文化へなすあらゆる貢献の源泉は、優越性の追求である。人間の生活の全体は、この活動の太い線に沿って、即ち、下から上へ、マイナスからプラスへ、敗北から勝利へと進行する」（『人生の意味の心理学』）

優越性の追求は他者より優れようとしなければ有用なものになるでしょうが、この言葉が上下のイメージを喚起します。実際、今引いたアドラーの言葉を読むと、人間の生活は「下」「マイナス」「敗北」から「上」「プラス」「勝利」へ進行しているといっているように見えます。劣等感は劣等性ではなく、劣っていると感じること、これが劣等「感」ですが、たとえ他者と比べなくても、「上」「プラス」「勝利」をめざすのであれば、今の自分は「下」「マイナス」「敗北」の状態にあることになります。

しかし、加齢や病気のために身体を自由に動かせなくなった人は、「下」「マイナス」「敗北」の状態にあるのではなく、ただ病気という状態にあるだけで、健康な状態と比べて劣っているわけではありません。何かについて知識がなくても、劣っているわけではありません。ただ知らないだけで、知らない状態にあることが劣っているとはいえません。

知識については、若くなくても一念発起すれば身につくと考えている人はいるでしょうが、まだ高齢といえる歳でもないのに、若い時のような記憶力はもうないとして新しいことを学ぶのを断念する人はいます。

歳を重ね病気になることは取り返しがつかないと思っている人は多いように見えます。そう思っている人に、ただ病気という状態にあるだけで、健康な状態と比べて劣っているわけではない、ただ歳を重ねただけで若い人よりも劣っているわけではないといってみても受け入れ難い人は、それほどまでに優劣という考えに囚《とら》われているからです。

たしかに若い時のように、また健康な時のように、身体を自由に動かせなくなると、絶望的な気持ちになることはあります。どんなに速く歩こうと思っても、歩けません。だからといって、他の速く歩ける人よりも、劣っていると考えなくてもいいのではないでしょうか。

病気になることをマイナスと見るのは、生産性に価値がある、つまり、何かができることがプラス、できないことがマイナスと見ているからです。病気にならなくても、若いことはプラスであり、老いることはマイナスと考えているのです。回復の見込みがない病気があります。加齢も不可逆的、つまり、元には戻れません。そうであればプラスにはなれないのですから、優越性を追求できないことになります。

優越性の追求をこのように「下」「マイナス」「敗北」から「上」「プラス」「勝利」への進行と考えると、どうしても優劣で考えてしまうことになるので、上下ではなく、前後で考えることもできます。人生を「前」へと向かう進行だと考えると、どのような状態にある人でも優劣で考えなくてすみます。

しかし、このように見ても、前の方を速く歩く人もいれば、後ろの方をゆっくり歩く人もいるというだけのことなのに、なお「前」にいるのがよいことだと取れないわけではありません。

そのように考えないようにするには、人が生きることはそれぞれの出発点から前に向かって進んでいくことと見ないことが必要になってきます。たしかに、誰もがこの世界に生まれてきて、最後は皆死ぬのですが、そのように人生を直線的にしか見ることができないかといえばそうではありません。

アドラーは「人生は発展するということである」「われわれは進化の流れの真只中《まっただなか》にあ

る」（『生きる意味を求めて』）といっていますが、前に進めなくても、後退することになっても、その時々のすべての状態が生きることであり、その意味で生きることはただ「ある」ことであると見れば、人生のどの段階にあってもその時々の自分がすべてであり、まだ不完全であるとか、今は絶頂を過ぎて死を待つばかりの下り坂にいるというように考える必要はなく、どんな自分をも受け入れたいのです。

妬みという劣等感は必要でない

アドラーが妬みについて、それがわずかであれば肯定していることには、下から上へ、マイナスからプラスへ、敗北から勝利へと向かうという意味での優越性の追求が行動の動機づけであると考えていることが関係しているように見えます。

アドラーは、妬みが有用なものであるためには、

「妬みによって、仕事をし、前に進んで行き、問題に直面できるようにならなければならない」（『個人心理学講義』）

といっています。

妬みは他者と比べ自分が劣っていると感じることが根底にあるので、妬みによって「前

に進んで」行く人は、劣等感を仕事などの課題に取り組む動機にしようとしているということです。アドラーがいう「前」が私が考える前と同じなのかはわかりませんが、前に進んでいくにしても、妬みは必要ではありません。

先に引いたアドラーの言葉の前半だけをもう一度見てみましょう。

「すべての人を動機づけ、われわれがわれわれの文化へなすあらゆる貢献の源泉は、優越性の追求である」（『人生の意味の心理学』）

しかし私は、妬みも含めて劣等感があるので優越性を追求すると考えなくてもいいと考えています。劣等感とか妬みによらなくても、優越性を追求することはできます。ただし、この優越性の追求は他者よりも優れようとすることではありません。アドラーはこの意味での優越性の追求を「個人的な優越性の追求」といいます。

あらゆる貢献の源泉が優越性の追求であるというのは、優越性を追求することで貢献できるということですが、ただ自分のために優れようとするのではなく、他者や社会に貢献するためです。虚栄心や野心のある人は、「人生が要求していること、人間として何を与えなければならないかを忘れる」（『性格の心理学』）とアドラーはいいます。

優越性の追求という、上下をイメージさせるような言葉を使わなくても、また進化という前後をイメージさせるような言葉を使わなくても、ただ他者に貢献する、与えることだけを考えて生きることはできます。

生きていることで貢献できる

問題は、何かをすることで貢献するといってしまうと、貢献できる人が限られてくることです。働くことで貢献することはできますが、働ける人がそうでない人と比べて優れているわけではありません。何かができるということにしか価値はないと考えるのは間違いです。働く人もそうでない人も、健康な人も病気の人も、若い人も高齢者も生きている点では誰もが同じです。ゆっくりであれ、「前」に進むのがよいことだと考えるのも問題です。老いた人や回復が難しい人は前に進めないからといって、劣っていることにはなりません。

生きることを進化と見なければ、人生のどの段階にあって、どんな状態であってもその時々の自分に価値がある。そのように思えれば、どんな自分も受け入れることができ、そう思えたら、病気になっても、自分の価値がなくなったとか、迷惑をかけているとか思わなくてすみます。実際、家族が病気をした時、もちろん、一日も早く回復することを願いますが、とにもかくにも生きていることがありがたいと思います。家族の病気についてそう思えるのなら、自分が病気になった時も同じように考えていけない理由はありません。

幼い子どもと関わった人であれば、子どもは何もしなくても、周囲に貢献していることを知っているでしょう。何もしていなくても生きているだけで、親やまわりの大人に喜びや幸福を与えてくれます。

大人が、子どもが特別であることを願うようになるのは、子どもが大きくなってからのことです。子どもの方も、大人の期待に応えなければならないと考え始めます。その頃から、親の関心を引くための競争に勝たなければならないと思い、勝てないと思った子どもは嫉妬するようになります。

大人になっても、相手を替えて同じことをし、また、自分が持っていないものを持っている人を妬みます。しかし、誰かに愛されようと思わなくても、他の人との競争に打ち勝って自分が優れていることを証明しようとしなくても、自分が生きていることで貢献できると感じられれば、嫉妬や妬みからも自由になれます。

生きているだけで貢献できるというと、誰も何もしなくなるのではないかと思う人がいますが、働ける人は働くことで他者に貢献できるというだけのことです。仕事をしない、あるいは病気や高齢のために仕事ができない人には生きる価値がないわけではありません。

妬むことでは世界は変えられない

伊坂幸太郎の『終末のフール』は、八年後に小惑星が地球に衝突するという予告がされてから五年後の世界を描いています。ある時、選ばれた人だけがシェルターに入れるらしいという噂《うわさ》が流れます。誰が入れるかは抽選で決まるというのです。当然、裏に手を回して選ばれるよう画策する人が出てくるでしょう。

他の人は助かるのに自分は助からないというような状況では、自分ではなく他の人が助かってよかったとは思えず、他の人を妬み、さらにその感情には怒りが混じります。

「人々という人々が我を失い、自分だけでも助かろうと藁《わら》をもつかんでいる光景が、我先に船に乗り込もうとする様子が、頭に浮かんだ。怖い」

実際には、惑星が衝突すれば、誰も生き残れる可能性はないでしょうが、このような時、選ばれなかった人は選ばれた人をうらやましいと思うだけではすまないでしょう。なぜ自分は選ばれなかったのか、選抜は不公平ではないか、不公正ではないかと怒りを感じるでしょう。

シェルターに入らなければならないような事態でなくても、例えばコロナ禍で外出を控えるようにといわれている時に、遠くへ旅行している人がいれば妬むだけではなく、怒りを感じた人がいたかもしれません。

平時であれば、SNSで旅先で撮られた写真を見ても、こんなところに行けたらいいなくらいでうらやましいとまでは思わない人でも、多くの人が感染予防のために外出を控えている中で、旅行している人がいることを知った時、不公平また不公正に感じたかもしれません。

これこそ妬みです。しかし、そのことを人に知られたくないので、妬んでいるのではない、これは不公正への憤《いきどお》りだと思えれば、自分が妬むことを正当化できたでしょう。妬んだ人は、自分は外出を控えるようにという要請に従っているのに、自分でどう行動するかを決められることをうらやましいと思ったかもしれません。

他の人がシェルターに入れるのに自分が入れなかったら、そのために自分は助からないと思って、シェルターに入れる人を妬むのは、そうすることがいいことかどうかは措《お》いておくとしても、理解できないわけではありません。

今の時代は同調圧力が強いので、皆と同じことをしない人が生きづらく感じます。他の人、しかも自分とは関係のない人が幸福であるのを許せず、その人の幸福を妬み、邪魔しようとする人がいます。その背後にあるのは妬みです。しかし、他者から妬まれることを恐れていては、これはおかしいのではないかという声を上げることはできなくなります。

この世界には、改めなければならない不公正がありますが、妬んだところで、世界を変えることはできません。必要なのは怒りです。ただし、それは個人の私憤ではなく、公憤でなければなりません。妬む人の怒りは私憤であり、そのような怒りは問題を解決しません。

三木清は次のようにいっています。

「正義感がつねに外に現われるのは、公の場所を求めるためである。正義感は何よりも公憤である」（「正義感について」）

三木は気分的な怒り、即ち私憤は否定しますが、不正に対する怒りや人間の尊厳を侵害された時の怒りである公憤は認めています。妬みが「公共的な場所」（『人生論ノート』）を知らないと三木がいっていることを先に見ました。妬みは公憤としての怒りにはなりえないのです。

怒りは裏金を得てそのことを恥とも感じない政治家にこそ向けられるべきであって、生活保護を受けている人がいるのは不公平であるというように弱い人に向けるのは間違いです。そのような怒りは、正義に裏づけられた怒りではありません。

人を助ける方が邪魔をするよりも勇気がいるとアドラーはいいます。人の邪魔をする人は厄介です。例えば、コンビニに休憩のために立ち寄った警察官や消防士を通報するような人です。そのような人は批判することで優越感を持とうとしているのですが、政治家の不正を告発したりしません。

妬む人は関心を他者に向けているように見えますが、その関心の中身が問題です。自分には関係がないのに、気になって仕方がない。他の人が得ているものを自分が手にしてないことが許せずに妬むのですが、助けを必要としている人のことを考えているのではなく、自分のことしか考えていないのです。

妬まないで幸福に生きる

妬みは憎しみや反感、怒りを生みます。現状では、妬みを起こすような挑発をしてはならないとアドラーはいいます。

「このような気持ちを試したり、挑発してはならないということ、この確実に予期できる現象を呼び起こしたり、あるいは、強化することがないためには、多くの鋭《するど》い感受性を持たなければならない。誰かを傷つけることがありうるので、さしあたって他の人に優越していることを見せびらかさない。これは人にできる最小限のことである」（『性格の心理学』）

持っている人がそれを見せつけるようなことをしなければ、妬む人がいなくなるかというと、そうではないでしょう。持っているからといって優越していることにはなりませんし、自分が優越していることを見せびらかそうとするような人こそ妬まれても仕方ないと思ってしまいます。

嫉妬したり妬んだりしなくても生きていくにはどうすればいいかを提言しましたが、一《いっ》朝《ちょう》一夕《いっせき》に実践することは難しいと思った人も多いかもしれません。人から与えられることばかり考えないで、自分が与えることができないかを考える、そして生きていることだけで他者に与え貢献することがどういうことかを自分の人生に引きつけて考え始めたら、人よりも劣っているとか、負けたとも感じないで生きていることに気づくのは、それほど遠い先のことではないでしょう。

参考文献

Adler, Alfred. '*Der Komplexzwang als Teil der Persönlichkeit und der Neurose*', *Alfred Adler Psychotherapie und Erziehung Band III*, Fischer Taschenbuch Verlag, 1983 (Original: 1936).

Adler, Alfred. *Adler Speaks: The Lectures of Alfred Adler*, Stone, Mark and Drescher, Karen eds., iUniverse, Inc., 2004.

Bacon, Francis. *The Essays of Francis Bacon*, libreka classics, 2019.

Bottome, Phyllis. *Alfred Adler*, Vanguard Press, 1957.

Burnet, J. ed. *Platonis Opera, 5 vols.*, Oxford University Press, 1899-1907.

Fromm, Erich. *The Art of Loving*, George Allen & Unwin, 1957.

Fromm, Erich. *Man for Himself*, Open Road Media, 2013.

Fromm, Erich. *To Have or To Be?*, Bantam Books, 1988.

Fromm, Erich. *Beyond the Chains of Illusions: My Encounter with Marx and Freud*, Open Road Media, 2001.

Laing, R. D. *Self and Othersm*, Pantheon Books, 1961.

アドラー『生きる意味を求めて』岸見一郎訳、アルテ、二〇〇七年

アドラー『教育困難な子どもたち』岸見一郎訳、アルテ、二〇〇八年

アドラー『性格の心理学』岸見一郎訳、アルテ、二〇〇九年

参考文献

アドラー『個人心理学講義』岸見一郎訳、アルテ、二〇一二年
アドラー『人はなぜ神経症になるのか』岸見一郎訳、アルテ、二〇一四年
伊坂幸太郎『終末のフール』集英社、二〇〇九年
岸見一郎『アドラー　人生を生き抜く心理学』NHK出版、二〇一〇年
岸見一郎『生きづらさからの脱却』筑摩書房、二〇一五年
岸見一郎『三木清「人生論ノート」を読む』白澤社、二〇一六年
岸見一郎『希望について　続・三木清「人生論ノート」を読む』白澤社、二〇一七年
岸見一郎『愛とためらいの哲学』PHP研究所、二〇一八年
岸見一郎『不安の哲学』祥伝社、二〇二一年
岸見一郎『怒る勇気』河出書房新社、二〇二一年
岸見一郎『アドラー　性格を変える心理学』NHK出版、二〇二一年
岸見一郎『三木清　人生論ノート　孤独は知性である』NHK出版、二〇二一年
岸見一郎『エーリッヒ・フロム　孤独を恐れず自由に生きる』講談社、二〇二二年
岸見一郎『つながらない覚悟』PHP研究所、二〇二三年
岸見一郎『アドラーに学ぶ　人はなぜ働くのか』KKベストセラーズ、二〇二四年
串田孫一『ものの考え方』学術出版会、二〇一〇年
サガン、フランソワーズ『ブラームスはお好き』河野万里子訳、新潮社、二〇二四年
宋友恵『空と風と星の詩人　尹東柱評伝』愛沢革訳、藤原書店、二〇〇九年

波多野精一『宗教哲学』岩波書店、一九四四年
ホフマン、エドワード『アドラーの生涯』岸見一郎訳、金子書房、二〇〇五年
三木清『人生論ノート』新潮社、一九五四年
三木清『哲学入門』(『三木清全集　第七巻』岩波書店、一九六七年所収)
三木清『正義感について』(『三木清全集　第一五巻』岩波書店、一九六七年所収)
三木清『哲学的人間学』(『三木清全集　第一八巻』岩波書店、一九六八年所収)
森有正『バビロンの流れのほとりにて』(『森有正全集1』筑摩書房、一九七八年所収)
森有正『砂漠に向かって』(『森有正全集2』筑摩書房、一九七八年所収)
森有正『城門のかたわらにて』(『森有正全集2』筑摩書房、一九七八年所収)
八木誠一『イエスの宗教』岩波書店、二〇〇九年
ラエルティオス、ディオゲネス『ギリシア哲学者列伝(上)』加来彰俊訳、岩波書店、一九八四年
ラエルティオス、ディオゲネス『ギリシア哲学者列伝(中)』加来彰俊訳、岩波書店、一九八九年
ラエルティオス、ディオゲネス『ギリシア哲学者列伝(下)』加来彰俊訳、岩波書店、一九九四年
『旧約聖書　創世記』関根正雄訳、岩波書店、一九六七年
『聖書』新共同訳、日本聖書協会、一九八九年
『イソップ寓話集』中務哲郎訳、岩波書店、一九九九年

切りとり線

★読者のみなさまにお願い

この本をお読みになって、どんな感想をお持ちでしょうか。祥伝社のホームページから書評をお送りいただけたら、ありがたく存じます。今後の企画の参考にさせていただきます。また、次ページの原稿用紙を切り取り、左記まで郵送していただいても結構です。

お寄せいただいた書評は、ご了解のうえ新聞・雑誌などを通じて紹介させていただくこともあります。採用の場合は、特製図書カードを差しあげます。

なお、ご記入いただいたお名前、ご住所、ご連絡先等は、書評紹介の事前了解、謝礼のお届け以外の目的で利用することはありません。また、それらの情報を6カ月を越えて保管することもありません。

〒101-8701（お手紙は郵便番号だけで届きます）
祥伝社　新書編集部
電話03（3265）2310
祥伝社ブックレビュー　www.shodensha.co.jp/bookreview

★本書の購買動機（媒体名、あるいは○をつけてください）

＿＿＿＿新聞の広告を見て	＿＿＿＿誌の広告を見て	＿＿＿＿の書評を見て	＿＿＿＿の Web を見て	書店で見かけて	知人のすすめで

★100字書評……妬《ねた》まずに生きる

名前

住所

年齢

職業

岸見一郎　きしみ・いちろう

1956年、京都生まれ。哲学者。京都大学大学院文学研究科博士課程満期退学（西洋古代哲学史専攻）。専門の哲学（西洋古代哲学、特にプラトン哲学）と並行して、1989年からアドラー心理学を研究。著書に『嫌われる勇気』『幸せになる勇気』（古賀史健と共著、ダイヤモンド社）、『幸福の哲学』（講談社現代新書）、『つながらない覚悟』（PHP 新書）、『不安の哲学』『マルクス・アウレリウス「自省録」を読む』（祥伝社新書）など多数。

妬《ねた》まずに生《い》きる

岸見一郎《きしみいちろう》

2025年 1 月10日　初版第 1 刷発行

発行者……………辻 浩明

発行所……………祥伝社しょうでんしゃ

〒101-8701　東京都千代田区神田神保町3-3

電話　03(3265)2081(販売)

電話　03(3265)2310(編集)

電話　03(3265)3622(製作)

ホームページ　www.shodensha.co.jp

装丁者……………盛川和洋

印刷所……………萩原印刷

製本所……………ナショナル製本

Printed in Japan　ISBN978-4-396-11707-8　C0210

〈祥伝社新書〉
「心」と向き合う

629
不安の哲学
不安の正体に向き合い、不安に囚われない生き方を模索する
哲学者
岸見一郎

662
マルクス・アウレリウス「自省録」を読む
ローマ皇帝が遺した、「今」を生きるための珠玉の言葉の数々
岸見一郎

617
嫉妬の正体
嫉妬の渦巻く日本社会を生き抜く術とは
文芸評論家
谷沢永一

680
その気持ち、なんて言う？ プロに学ぶ感情の伝え方
小説家、音楽家……言葉のプロによる多彩な表現
NHK「言葉にできない、そんな夜。」制作班

308
神（サムシング・グレート）と見えない世界
「神」とは何か？　「あの世」は存在するのか？　医学者と科学者による対談
東京大学名誉教授
矢作直樹
筑波大学名誉教授
村上和雄

〈祥伝社新書〉
「心」と向き合う

183
般若心経入門
276文字が語る人生の知恵
永遠の名著を新装版で。いま見つめなおすべき「色即是空」のこころ
松原泰道

204
観音経入門
悩み深き人のために
安らぎの心を与える「慈悲」の経典をやさしく解説
松原泰道

076
早朝坐禅
凜《りん》とした生活のすすめ
坐禅、散歩、姿勢、呼吸……のある生活。人生を深める「身体作法」入門
宗教学者
山折哲雄

188
歎《たん》異《に》抄《しょう》の謎《なぞ》
親鸞をめぐって・「私訳 歎異抄」・原文・対談・関連書一覧
親鸞は、本当は何を言いたかったのか?
作家
五木寛之

616
マイナスの効用
不安の時代を生きる技法
不安な日々の中で、心の痛みを癒してくれるユニークな効用論
五木寛之

〈祥伝社新書〉
経済を知る

111
超訳『資本論』
貧困も、バブルも、恐慌も——マルクスは『資本論』の中に書いていた！
神奈川大学教授 **的場昭弘**

343
なぜ、バブルは繰《く》り返されるか？
バブル形成と崩壊のメカニズムを経済予測の専門家がわかりやすく解説
経済評論家 **塚崎公義**

390
退職金貧乏
定年後の「お金」の話
長生きとインフレに備える。すぐに始められる「運用マニュアル」つき！
塚崎公義

655
知らないとヤバい老後のお金戦略50
悲惨な老後を避けるため、お金の裏ワザを紹介！
経済評論家 **荻原博子**

695
なぜマンションは高騰しているのか
誰が超高級マンションを買っている？　不動産から日本社会の変化を考察する
不動産事業プロデューサー **牧野知弘**

〈祥伝社新書〉
経済を知る

498
総合商社
その「強さ」と、日本企業の「次」を探る
なぜ日本にだけ存在し、生き残ることができたのか。最強のビジネスモデルを解説
専修大学教授
田中隆之

650
なぜ信用金庫は生き残るのか
激変する金融業界を徹底取材。生き残る企業のヒントがここに！
日刊工業新聞社千葉支局長
鳥羽田継之

625
カルトブランディング
顧客を熱狂させる技法
グローバル企業が取り入れる新しいブランディング手法を徹底解説
マーケティングコンサルタント
田中森士

636
世界を変える5つのテクノロジー
SDGs、ESGの最前線
2030年を生き抜く企業のサステナブル戦略を徹底解説
ベンチャー投資家・京都大学経営管理大学院客員教授
山本康正

660
なぜ日本企業はゲームチェンジャーになれないのか
——イノベーションの興亡と未来
山本康正

〈祥伝社新書〉
令和・日本を読み解く

683
闇バイト
凶悪化する若者のリアル
犯罪社会学の専門家が当事者を取材。身近に潜む脅威を明らかにする
犯罪社会学者
廣末　登

622
老後レス社会
死ぬまで働かないと生活できない時代
「一億総活躍」の過酷な現実と悲惨な未来を描出する
朝日新聞特別取材班

676
どうする財源
貨幣論で読み解く税と財政の仕組み
「日本は財政破綻しませんし、増税の必要もありません。なぜなら――」
評論家
中野剛志

666
スタグフレーション
生活を直撃する経済危機
賃金が上がらず、物価だけが上昇するなか、いかにして生活を守るか
経済評論家
加谷珪一

652
2030年の東京
『未来の年表』著者と『空き家問題』著者が徹底対談。近未来を可視化する
作家、ジャーナリスト
河合雅司
不動産プロデューサー
牧野知弘